zweimaleins-buch

Brigitte Endres

Janas Freund

...ist doch unmöglich!

Gemeinsam mit Kindern lesen

© 2003 by Verlag Pascoe & Manz, 65594 Runkel/Lahn
Internet: www.zweimaleins-buch.de
eMail: info@zweimaleins-buch.de

Illustrationen: Ellen Weyrauch
Umschlaggestaltung: Gabriele Leonhard, Wolfgang Manz
Lektorat: Marlies Knoke, Wolfgang Manz
Satz und Layout: Agentur zweimaleins, 55543 Bad Kreuznach
CTP-Offsetdruck: Ruster und Partner GmbH, 65604 Elz
Bindung: Buchbinderei Schwind GmbH, 54296 Trier

Der Verlag dankt Herrn Reinhard Schulze für die große Unterstützung, ohne die dieses zweimaleins-Buch nicht erschienen wäre.

Alle Rechte liegen beim Verlag Pascoe & Manz. Vervielfältigungen welcher Art auch immer, auch auszugsweise, sind nur mit schriftlicher Genehmigung des Verlags gestattet.

Printed in Germany 2003
ISBN 3-937331-00-X

Dieses Kinderbuch erzählt eine abgeschlossene Geschichte, die Mädchen und Jungen ab 8 Jahre allein lesen können. Der Text ist gesetzt in Schulschrift, auf schwierige Trennungen wurde verzichtet. Die Schreibweise entspricht den Regeln der neuen Rechtschreibung.

Das zweimaleins-Buchkonzept bietet die Möglichkeit, das Buch zusammen mit einem Erwachsenen zu lesen. Deshalb sind die Textabschnitte mit zwei unterschiedlichen Farben gedruckt. Der Erwachsene beginnt, die Abschnitte mit blauer Schrift liest das Kind.

Zu diesem Lesebuch ist beim gleichen Verlag ein pädagogisches Begleitbuch (ISBN 3-937331-01-8) erhältlich, in dem der Text noch einmal komplett abgedruckt ist und die Handlung zusätzlich aus einer anderen Perspektive dargestellt wird. Sie finden an den betreffenden Stellen ein Buch-Symbol. Es enthält darüber hinaus Fragestellungen und Hintergrundinformationen zum Inhalt der Geschichte.

Weitere Informationen und ein Leserforum finden Sie im Internet auf der Homepage www.zweimaleins-buch.de.

Über die Autorin

Brigitte Endres ist ausgebildete Grundschullehrerin. Ein Promotionsstudium im Fachbereich Germanistik gab sie auf, als ihre beiden Söhne geboren wurden. Während ihrer Tätigkeit als Lehrerin begann sie, für den Unterricht kürzere Texte selbst zu verfassen. Sie begeisterten ihre Schüler so sehr, dass sie sich ermutigt fühlte, Kinderbücher zu schreiben.
Heute lebt Brigitte Endres als freie Autorin mit ihrem Mann, dem Maler H.D. Tylle, in Fuldatal und München.

Inhalt

Erster Schnee und eine Hundeschnauze 5
Die allererste Ersteschneefeier 15
Rodelspaß mit Schlittenhund 21
Ein Hund vom Himmel.. 29
Jana hat ein Problem 40
Die Idee 46
Eine Verbündete 51
Eine Sechs und ein Vorschlag 54
'ne Villa und ein Müllcontainer 61
Überraschende Verwandlung 68
Noch eine Idee... 74
Gute Geschäfte und ein Geschenk 79
Schreck in der Morgenstunde 85
Freudensprung und ein Kloß im Hals 95
Die Stunde der Wahrheit 103
Sekt oder Selters 109

Erster Schnee und eine Hundeschnauze

Jana sah zum Fenster hinaus auf den Schulhof. Wenn sie ganz genau hinschaute, konnte sie zarte Schneeflocken vorbeischweben sehen.

„Guck mal," sie zupfte Franzi am Ärmel, „es fängt an zu schneien!" Die beiden Mädchen blickten aufgeregt nach draußen.

„Es schneit!", platzte Franzi ziemlich laut heraus. Alle Kinder der Klasse wandten die Köpfe zum Fenster. „Es schneit! Es schneit! Mensch, der erste Schnee!"

Frau Gebauer, die gerade etwas an die Tafel geschrieben hatte, drehte sich um.

„Aber Kinder", sagte sie vorwurfsvoll. Da entdeckte auch sie die feinen Flocken.

„Tatsächlich!" Sie war versöhnt. „Es schneit! Da kriege ich gleich wieder das Ersteschneegefühl, das ich als Kind immer hatte. Ich glaube, ich freue mich heute noch genauso wie damals. Und der Schnee kommt wie gerufen. Er passt ganz prima zu unserem Thema."

Heute war der 11. November und sie hatte gerade angefangen, die Geschichte vom Heiligen Martin zu erzählen.

„Schnee ist nur für die Menschen schön, die ein Dach über dem Kopf haben. Der Bettler, dem der Heilige Martin half, hatte kein Haus, ja er hatte nicht einmal Kleidung, die ihn vor der Kälte schützte."

Frau Gebauer hatte eine Art Geschichten zu erzählen, die die Kinder fesselte. Schnell waren alle Augen und Ohren wieder bei der Lehrerin. Jana stellte sich vor, wie das sein müsste, halbnackt und schutzlos der Kälte ausgeliefert zu sein.

Zum Abschluss sollten die Kinder einen Text über die Martinslegende von der Tafel abschreiben. Schreiben strengte Jana schrecklich an. Immer war sie die Letzte. Andauernd verschrieb sie sich. Rechtschreiben, das war einfach nicht ihre Sache!

„Ich glaube, du hast eine Rechtschreibschwäche", hatte Frau Gebauer eines Tages gesagt, als Jana wieder einmal so viele Fehler im Diktat hatte.

Sie schämte sich, dass sie so schlecht in

Deutsch war. Wenigstens gehörte sie zu den Besten im Rechnen.

„Jetzt macht aber schnell, gleich ist die Schulstunde zu Ende", mahnte die Lehrerin. „Wirst du fertig, Jana?", erkundigte sie sich.

Jana schüttelte beschämt den Kopf. Sie war noch lange nicht fertig.

„Jana ist die Letzte! Jana ist die Letzte!", spottete Nico, der hinter ihr saß.

„Blödmann!", zischte Jana leise, tat aber so, als habe sie die Hänselei nicht gehört.

Da klingelte es schon.

„Franzi, gib Jana bitte dein Heft mit, dann kann sie den Text heute Nachmittag fertig schreiben", bestimmte die Lehrerin.

Schweigend ergriff Jana das Heft, das Franzi ihr reichte, und verstaute es in ihrer Schultasche.

Rasch packten die Kinder zusammen. Jana schlüpfte in die warme Winterjacke und lief nach draußen. Sie reckte das Gesicht zum Himmel und versuchte ein paar Flocken mit der Zunge zu fangen. Wenn es so weiter schneite, konnte man vielleicht morgen schon zum Rodeln ins Stadtwäldchen gehen.

Schade, dass Sandra nicht mehr da war. Letztes Jahr waren sie oft zusammen Schlitten gefahren. Sandra war Janas beste Freundin. Aber sie war in den Sommerferien in eine andere Stadt gezogen. Sandra schrieb ihr manchmal, aber es war für Jana eine Qual, ihr zu antworten, weil sie im Rechtschreiben so unsicher war. Oft musste sie den Brief drei-, viermal schreiben, bis Mama keine Fehler mehr fand.

Obwohl die anderen Mädchen in der Klasse auch ganz nett waren, hatte Jana bisher noch keine neue beste Freundin gefunden, eine, der sie alles anvertrauen konnte.

Jana nahm sich vor, am Nachmittag, wenn Mama heim kam, den Tisch schön mit Kerzen zu decken und einen leckeren Früchtetee zu kochen. Das würde gemütlich werden, wenn es draußen schneite und sie beide saßen drinnen und hatten es kuschelig.

Jana und Mama lebten allein. Die Mutter arbeitete ganztags und kam meist erst gegen fünf Uhr heim. Aber Jana hatte sich daran gewöhnt. Sie machte sich selbst das Mittagessen warm und half, wo sie konnte, im Haushalt mit.

Ihr Heimweg führte durch die Innenstadt. Sie genoss es, in Ruhe die Schaufenster anzusehen und nicht wie ihre Klassenkameraden auf dem schnellsten Weg nach Hause zu müssen. Heute ließ sie sich besonders viel Zeit. Sie machte vor dem Schaufenster eines Kindermodengeschäfts Halt. Eine hübsche blaue Jacke mit Plüschbesatz zog ihre Aufmerksamkeit an. Sie warf einen prüfenden Blick auf die Jana, die sich im Glas spiegelte.

Blau passt bestimmt gut zu Blond, dachte sie, und zu meinen Augen auch! Sie stopfte ihre halblangen Haare unter die Mütze.

Ich muss mit Mama reden, nahm sie sich vor. Vielleicht schenkt sie mir die Jacke zu Weihnachten. Das ist ja schon bald!

Als sie zum Kaufhaus kam, befestigten gerade zwei Männer auf Leitern eine riesige Lichterkette über dem Eingang. Jana sah ihnen eine Weile zu.

Während sie so da stand und nach oben schaute, spürte sie plötzlich etwas Kaltes, Nasses an ihren Fingern. Erschrocken zog sie die Hand weg und drehte sich um. Vor ihr stand ein struppiger, mittelgroßer Hund.

Er trug ein rotes Tuch mit weißen Tupfen um den Hals und sah sie mit intelligenten blauen Augen an. Solche Augen hatte Jana noch nie bei einem Hund gesehen.

„Knurps! Lass' das Mädchen in Ruhe!", rief eine Stimme. Das Tier ließ sie stehen und legte sich einige Meter weiter neben einem ungepflegten älteren Mann nieder, der in der Kaufhauspassage am Boden saß und offensichtlich bettelte.

Jetzt erinnerte sich Jana, dass sie den Alten schon einmal dort gesehen hatte.

„Das ist ein Penner! Die arbeiten nicht und versaufen alles, was man ihnen gibt", hatte Mama gesagt und Jana schnell weggezogen, noch ehe sie das Schild lesen konnte, das der Mann vor sich aufgestellt hatte.

Heute aber war Mama nicht da. Jana ging zögernd auf den Bettler zu.

„Du musst dich nicht fürchten, der Knurps tut keinem was." Er tätschelte das Tier liebevoll am Hals.

Die Ecke, die die beiden sich ausgesucht hatten, lag etwas geschützt vor Wind und

Kälte in einem Winkel der Schaufensterpassage. Hier endete der Entlüftungsschacht der Heizungsanlage, so dass ständig warme, wenn auch verbrauchte Luft vorbeizog.

Der Alte hatte eine schmuddelige Decke auf dem Boden ausgebreitet, auf der er und sein Hund saßen. In ein paar Plastiktüten daneben schien er seine wenigen Habseligkeiten aufzubewahren. Es sah nicht so aus, als fröre er. Er war mit einem dicken, alten Militäranorak, einer schmutzigen Winterhose und viel zu großen Schnürstiefeln bekleidet. Auf dem Kopf trug er eine grüne Fellmütze, unter der graues Zottelhaar hervorquoll. Man konnte kaum sagen, wo das Kopfhaar aufhörte und der struppige Bart begann. Das Wenige, das vom Gesicht noch zu sehen war, machte auf Jana keinen abschreckenden Eindruck.

Nein, er hatte freundliche blaue Augen, genau wie sein Hund. Jana starrte das seltsame Paar an.

„Na Fräuleinchen! So was wie uns beide sieht man nicht alle Tage, was?", sagte er mit freundlicher Stimme. Er schien es gewohnt zu sein, angestarrt zu werden.

„Der Hund, der hat aber blaue Augen", gab Jana hastig zurück. Der alte Mann sollte nicht denken, dass sie ihn angaffte.

„Da hast du Recht, Fräuleinchen! Deshalb sind wir auch so gute Freunde, weil wir die gleichen Augen haben. Was sagst du, Knurps?" Wieder streichelte er den Hund zärtlich.

Knurps sagte nichts, schaute seinen Herrn aber mit schräg gehaltenem Kopf an, als er seinen Namen hörte.

„Der Knurps ist eine gelungene Mischung aus einer Schäferhündin und einem Husky, weißt schon, die Schlittenhunde. Die haben blaue Augen, die hat er vom Vater geerbt."

„Darf man ihn streicheln?", fragte Jana.

„Mach nur, das mag er", ermunterte der Bettler das Mädchen.

Jana bückte sich und fasste den Hund mit etwas gemischten Gefühlen an. Gut, dass Mama nicht da war, die hätte sich fürchterlich gegraust. Jana hörte sie förmlich sagen: „Der hat sicher Flöhe und weiß Gott noch was. Man fasst grundsätzlich keine fremden Tiere an."

Knurps ließ sich die Zärtlichkeiten gefallen und wedelte dabei sanft mit dem Schwanz. Verstohlen schaute Jana auf das Pappschild, das der Mann vor sich aufgebaut hatte. Sie nahm die Gelegenheit wahr, es unauffällig zu lesen. Gut, dass es in großen Druckbuchstaben geschrieben war.

BIN ARBEITSLOS!
HELFEN SIE MIR UND MEINEM HUND!

Jetzt entdeckte sie auch die Blechdose, die daneben stand. Ein paar Geldstücke lagen darin. Viel war es nicht gerade.

Komisch, dachte sie, heute ist Martinstag und ausgerechnet heute lerne ich einen Bettler kennen.

„Sind Sie oft hier?", fragte sie schüchtern.

„Na ja, im Winter schon, die Passage ist geschützt und nicht so kalt, und der Sauschnee da draußen tut uns hier nichts."

Jana sah ins Freie. Die Flocken fielen jetzt noch dichter und bedeckten mittlerweile die Straße. Sie bemerkte, wie plötzlich das schöne Ersteschneegefühl weg war und dachte an das, was Frau Gebauer gesagt hatte: „Schnee ist nur für die Menschen schön, die ein Dach über dem Kopf haben."

Auf einmal hatte sie so einen komischen Kloß im Hals. Vielleicht kam das daher, weil sie so ein gemütliches, warmes Zuhause hatte und der Alte, der hier auf seiner zerschlissenen Decke hockte, sich nicht auf einen schönen Teenachmittag mit Kerzenlicht freuen konnte. Aber was konnte sie schon tun, wenn auch all die Erwachsenen, die tagtäglich an dem Bettler hier vorüber gingen, ihm nicht halfen.

„Ich muss jetzt", verabschiedete sie sich von dem Alten. „Tschüss denn!"

Inzwischen hatten die beiden Männer die Lichterkette befestigt.

„Der schon wieder!", hörte sie einen zum anderen sagen. „Der hat Glück, dass der Chef ihn nicht wegjagt. Bei mir dürfte so einer nicht die Kunden anbetteln."

Die allererste Ersteschneefeier

Jana beeilte sich, nach Hause zu kommen. Die Stadt sah ganz verzaubert aus, so überzuckert mit frischem Schnee. Aber sie hatte keine rechte Freude mehr daran.

Daheim warf sie die Schultasche in die Ecke und wärmte das Mittagessen im Mikrowellenherd.

Dann machte sie die Hausaufgaben. Zuerst schrieb sie den Text aus Franzis Heft fertig ab. Das dauerte eine ganze Weile, denn sie musste oft den Tintenkiller benutzen.

Dieser dämliche Nico, dachte sie wütend – mehr auf sich selbst als auf Nico. Und er hat sogar noch Recht! Ich bin wirklich immer die Letzte beim Abschreiben. Dabei würde ich's dem zu gern mal zeigen!

Zum Glück hatten sie heute nur wenig in Mathe auf, das war schnell erledigt.

Es war nämlich schon recht spät geworden, weil sie so lange für dem Heimweg gebraucht hatte. Mama würde bald kommen und sie wollte doch noch den „gemütlichen Teeplan" durchführen.

Jana war gerade fertig mit Tischdecken und Teeaufbrühen, als sich der Schlüssel im Schloss drehte. Rasch zündete sie noch die Kerzen an.

„Brrrr, so viel Schnee im November!", hörte sie Mama im Flur sagen.

„Feiern wir etwas Besonderes?" Ihre Mutter staunte, als sie ins Wohnzimmer kam und den liebevoll gedeckten Tisch sah.

„Das ist eine Ersteschneefeier", erklärte Jana, die gerade mit der Teekanne aus der Küche kam.

„Ideen hast du! Das ist heute meine allererste Ersteschneefeier", sagte Mama und nahm Jana fest in den Arm. „Was für ein Glück, dass ich heute zufällig Ersteschneefeierkekse gekauft habe."

Sie holte eine große Tüte Teegebäck aus der Einkaufstasche. Dann machten es sich die beiden auf dem alten grünen Sofa gemütlich. Jana kuschelte sich fest an Mama. Draußen vor dem Fenster wirbelten Schneeflocken an der Straßenlaterne vorbei. Wie gut sie es doch hatten, sie und Mama! Plötzlich fiel ihr der Bettler wieder ein.

Was der wohl jetzt machte? Aber konnte sie mit Mama darüber sprechen? Jana wusste genau, dass es ihr nicht recht war, wenn sie sich mit so einem abgab.

„Uns geht es gut", seufzte Jana und drückte Mama noch ein bisschen fester, „wir haben es schön warm und genug zum Essen."

„Ja", stimmte Mama ihr zu, „und was fast noch wichtiger ist: Wir haben uns lieb. Einsam sein, das stelle ich mir schrecklich vor."

Jana überlegte. Ob es für den Alten jemanden gab, der ihn lieb hatte? Das konnte sie sich nicht vorstellen.

Doch, dachte sie dann, der Knurps! Der Knurps hat ihn sicher sehr lieb.

„Heute hat uns Frau Gebauer vom Heiligen Martin erzählt. Du weißt schon, die Geschichte mit dem Bettler", berichtete Jana.

„Stimmt!", bestätigte Mama. „Heute ist Martinstag. Ich habe vorhin die Kindergartenkinder mit ihren Laternen gesehen."

„Meinst du, dass die Geschichte wahr ist?", wollte Jana wissen.

„Legenden haben oft einen wahren Kern", erklärte Mama, „aber vor allem sind es

Geschichten, aus denen wir etwas lernen sollen."

„Dann müssten wir doch auch den Bettlern helfen", stellte Jana fest und sah Mama gespannt an. Was würde sie sagen?

Mama überlegte einen Moment, bevor sie antwortete. „Bei uns muss keiner mehr betteln! Der Staat sorgt dafür, dass jeder das Notwendigste bekommt. Das wird von den Steuern bezahlt."

„Das verstehe ich nicht", wandte Jana ein. „Erinnerst du dich an den Penner, den wir in der Kaufhauspassage gesehen haben? Der hat doch noch nicht mal ein Zuhause."

„Es gibt Obdachlosenheime. Ich glaube in der Pilgerhofstraße ist eines. Da kann so einer umsonst übernachten", gab Mama zurück. „Solchen Leuten kann man meistens nicht helfen. Es gibt Menschen, die wollen einfach nicht arbeiten, selbst wenn sie Arbeit bekämen. Oft sind es Trinker, die da rum sitzen und die Leute anbetteln. Kein Hauswirt würde an so einen vermieten. Hast du nicht gesehen, wie dreckig der Kerl war? Der würde auch seine Wohnung nicht sauber halten."

„Sind das schlechte Menschen, die Penner?", wollte Jana wissen.

„Ich weiß nicht", überlegte Mama. „Ich kenne keinen persönlich. Sicher sind sie nicht alle schlechte Menschen."

„Aber wenn man einem Bettler helfen könnte, müsste man es doch eigentlich tun, oder?" hakte Jana nach.

„Was mein kleines Mädchen sich für Gedanken macht", wunderte sich Mama und schüttelte den Kopf. Dann goss sie sich noch eine Tasse Tee ein. Jana hatte das Gefühl, dass sie das Thema beenden wollte.

Mama stand auf und schaltete die Musikanlage an. „Mozart entspannt mich immer", sagte sie und kam aufs Sofa zurück.

Die beiden saßen noch eine Weile da, sahen dem Schneetreiben draußen zu und hörten Musik. Jana fühlte sich wohl und geborgen. Aber heute spürte sie ein kleines Frösteln. Es kam von innen. Sie wusste auch nicht genau woher.

Rodelspaß mit Schlittenhund

Am nächsten Morgen war der schöne Schnee fast ganz weggetaut. Nach dem Unterricht nahm Jana wieder den Weg am Kaufhaus vorbei, aber der Bettler mit dem Hund war nicht da und auch an den nächsten Tagen traf sie ihn nicht dort an.

In der Schule war in den Wochen vor Weihnachten viel los. Eine Arbeit nach der anderen wurde geschrieben und Jana musste viel lernen, so dass sie kaum mehr an Knurps und den Alten dachte. Mathe übte sie ohne Hilfe, aber die Deutsch-Hausaufgaben erledigte sie lieber am Abend mit Mama. Wenn sie die allein machte, bekam Frau Gebauer beim Korrigieren immer diesen verzweifelten Blick, der Jana so deprimierte.

Zwei Wochen später lag dann endlich eine dicke Schneedecke, als Jana morgens aus dem Fenster schaute. Auf dem Schulweg schubste sie ganze Schneeberge von den parkenden Autos.

„Da kannst du gleich bei mir weitermachen!", rief ihr eine Frau zu, die gerade dabei war, mit einem kleinen Besen ihr Auto frei zu kehren. „Dieser blöde Schnee, und Winterreifen hab ich auch noch nicht drauf!"

„Ich mag den Schnee!", gab Jana zurück. „Ich gehe heute Nachmittag zum Rodeln!"

„So ist das eben", seufzte die Frau, „des einen Leid, des andern Freud."

Während Jana weiterging, fiel ihr der Alte wieder ein. Der hatte bestimmt auch keinen Spaß am Schnee.

Am Nachmittag wollte sie ins Stadtwäldchen zum Rodeln gehen. Wie schade, dass Sandra nicht mehr da ist, dachte sie. Aber bei dem Rodelwetter werde ich schon jemanden aus der Klasse treffen.

Rasch erledigte sie die Mathe-Hausaufgaben. Sie konnte es kaum erwarten, nach draußen zu kommen. Eilig zog sie den Schneeanzug über und holte ihren Holzschlitten aus dem Keller.

Es hatte wieder begonnen zu schneien. Die Kufen zogen rostige Spuren durch den Schnee. Sie liebte das alte Ding. Mama hatte ihr letztes Jahr einen roten Plastikbob zu Weihnachten geschenkt. Nicht mal zwei Wochen hatte er gehalten. Gleich beim ersten Zusammenstoß war einer der Bremshebel abgebrochen.

    Als sie am Rodelberg ankam, war dort schon lebhafter Betrieb.
    Jana zog den Schlitten hoch, holte Schwung und fuhr mit Karacho hinunter. Das nächste Mal legte sie sich auf den Bauch. Es machte ihr großen Spaß, allen mit ihrem alten Schlitten davonzufahren. Wenn sie Anlauf nahm, kam auch der schnellste Bob nicht nach. Sie traute sich an die steilste Stelle des Rodelbergs und scheute sich auch nicht, über die Schanze zu springen, die die Jungs gebaut hatten.
    Aber es war jedes Jahr dasselbe: Die ersten paar Mal war es ganz leicht, den Schlitten nach oben zu ziehen, und dann schien er immer schwerer und schwerer zu werden. Jana musste eine Pause machen. Am Fuß des Hügels setzte sie sich auf den Schlitten und schaute dem lärmenden Treiben zu.

„Na, wir kennen uns doch?"

Jana sah sich erschrocken um. Der Bettler stand hinter ihr, den Hund neben sich. Heute hatte sie keine Angst mehr vor Knurps. Sie tätschelte ihm den Hals.

„Ja, ja, wir kennen uns schon", erwiderte sie freundlich.

„Machst du schon schlapp?" Der Alte deutete auf den Rodelberg.

„Ich ruh mich bloß aus", widersprach Jana, „das Raufziehen ist ganz schön anstrengend."

„Wie wär's, wenn du dem Fräuleinchen ein bisschen hilfst?", sagte der Alte zu Knurps. Der Hund wedelte heftig mit dem Schwanz und sprang an ihm hoch, als er ihn ansprach.

„Steh doch mal auf, Fräuleinchen."

Jana erhob sich zögernd. Der Alte ergriff die Schlittenschnur und befestigte sie an Knurps' Halstuch. „Bist doch ein halber Husky, was?"

Knurps war begeistert. Sogleich sprang er los und zog den Schlitten mühelos hinter sich her. Jana, die gar nicht recht wusste wie ihr geschah, rannte hinterher. Dabei rief sie laut nach Knurps, wenn er in die falsche Richtung lief. Der Hund folgte ihren Rufen brav und beförderte den Schlitten bis ganz nach oben.

„Bist ein guter Hund", lobte sie ihn. Sie kniete nieder und umarmte seinen struppigen Hals. Dann machte sie die Schnur ab und rodelte den Berg hinunter, wobei Knurps verzückt neben ihr hersprang. Unten angekommen, tänzelte er aufgeregt hin und her und der Alte hatte einige Mühe, die Schlittenschnur wieder am Halstuch festzubinden.

Beim nächsten Mal fand Knurps den Weg schon allein. Wie ein Wilder raste er den Berg hinauf. Jana keuchte und kam kaum noch mit. So machte Schlittenfahren doppelt Spaß. Knurps war nicht so schnell aus der Puste zu bringen. Wieder begleitete er Janas Abfahrt mit begeisterten Sprüngen und fröhlichem Gebell. Außer Atem kam sie an und bremste genau vor Franzis Füßen, die eben mit ihrem Bob angekommen war.

„Seit wann hast du denn einen Hund?", fragte sie und Jana glaubte, einen kleinen neidischen Unterton herauszuhören.

„Das ist der Knurps", erklärte sie stolz. „Aber er gehört mir leider nicht. Er gehört einem Freund von mir."

Jana biss sich auf die Lippen. Warum hatte sie das eben nur gesagt? Freund?

Der Bettler, der eben versuchte, Knurps einzufangen, um die Schnur wieder an das Tuch zu knoten, sah erstaunt auf.

„Na, kleine Freundin, willst du noch mal rauf?" Dabei betonte er das Wort Freundin und lachte gutmütig.

Jana nickte. Franzi sah erstaunt von einem zum anderen. Als sie erkannte, wer Janas Freund war, warf sie ihm einen verächtlichen Blick zu und zog ihren Bob den Berg hinauf.

Jana lief ihr nach. Knurps, mit dem Schlitten im Schlepptau, überholte die beiden Mädchen.

„Dein Freund ist doch unmöglich!", zischte Franzi ihr zu. Dabei betonte sie das Wort Freund spöttisch.

„Er ist nicht wirklich mein Freund. Eigentlich kenne ich ihn kaum. Aber er ist nett und sein Hund ist einfach süß! Schau nur, er ist schon wieder oben", rechtfertigte sich Jana hastig.

Aber Franzi würdigte Knurps keines Blickes mehr. „Mit so was gibt man sich doch nicht ab! Meine Mutter würde ausflippen, wenn ich mit einem Penner was zu tun hätte. Und überhaupt ist es gefährlich, sich von Fremden ansprechen zu lassen!"

Inzwischen hatten sie die höchste Stelle des Hügels erreicht. Franzi setzte sich ohne ein weiteres Wort auf ihren Bob und fuhr hinunter. Jana fühlte sich plötzlich sehr schlecht. Sie dachte an das Mädchen aus der Zeitung, das seit vorigem Monat verschwunden war. Sie nahm dem Hund die Schnur ab und rodelte los.

Als die beiden unten ankamen, hatte Franzi sich schon wieder auf den Weg nach oben gemacht, ohne auf Jana zu warten.

„Na, was machst du denn für ein Gesicht, Fräuleinchen?", bemerkte der Alte, während er damit begann, die Schlittenschnur erneut an Knurps' Halstuch zu befestigten.

„Halt!", lehnte Jana ab, „ich habe genug für heute. Ich muss heim."

„Wollen wir ein Stück gemeinsam gehen?", fragte er.

Jana schüttelte den Kopf.

„Hast schon Recht. Es passiert einfach zu viel mit Kindern, die allzu vertrauensselig sind. Was Knurps?" Er streichelte den Hund, der seinen Kopf fest an ihn schmiegte.

Vom Turm der nahe gelegenen Klosterkirche schlug es halb fünf.

„Ich geh dann mal", sagte er. „Bei den Barmherzigen Schwestern gibt es bald die Abendspeisung, da holen wir uns eine warme Mahlzeit."

„Die paar Schritte bis zur Kirche gehe ich noch mit", entschied Jana, „da muss ich sowieso vorbei."

„Dann kann der Knurps noch deinen Schlitten ziehen, bis wir dort sind! Sieht aus, als würde ihm das riesig Spaß machen."

Ein Hund vom Himmel

Ein seltsames Gespann machte sich nun auf den Weg: Ein verwahrloster alter Mann, ein zotteliger Hund, der einen Schlitten zog, und ein blondes Mädchen im Schneeanzug. Einige Leute drehten sich nach ihnen um, aber das merkte Jana gar nicht, weil sie nachdenklich auf den Boden starrte.

„Wie heißt du eigentlich?", wollte der Alte wissen.

„Jana", sagte Jana, „und Sie?"

„Ich bin Kalle", erwiderte er. „Karl-Gustav Friedrichsen, genau genommen. Aber ich gebe zu, das ist ganz schön lang. Sag einfach Kalle und Du zu mir."

„Wo schläfst du eigentlich?", wollte Jana wissen.

„Im Winter verkrümeln der Knurps und ich uns oft in die Kaufhauspassage. Oder wir gehen zum Bahnhof. Da kann man im Wartesaal übernachten, wenn man Glück hat und die Bahnpolizei einen nicht rausschmeißt."

Kalle seufzte. „Das ist schon ein Problem, wenn's kalt ist. Im Sommer macht es uns nichts aus, im Freien zu übernachten. Manche Nächte sind wunderschön. Da wölbt sich der klare Himmel über dir und du kannst so lange Sternschnuppen zählen, bis du einschläfst."

Jana stellte sich das auch schön vor. Sie hatte erst einmal in ihrem Leben eine Sternschnuppe gesehen. Das war in den Sommerferien letztes Jahr, als sie mit Mama am Meer gewesen war.

„Du musst dir was wünschen", hatte Mama gesagt, „das geht dann in Erfüllung."

Heute zweifelte sie daran, dass Sternschnuppen Wünsche erfüllten. Sonst wäre der alte, ungepflegte Mann neben ihr sicher schon Millionär.

„Warum gehst du nicht in das Obdachlosenheim in der Pilgerhofstraße?", fragte Jana.

„Da darf man mit Hund nicht rein. Und ich würde mich nie von Knurps trennen", erklärte Kalle.

„Und warum arbeitest du nicht, wie andere Leute?"

Jana erschrak, als sie die Frage ausgesprochen hatte. Eigentlich ging sie das doch gar nichts an.

Aber Kalle blieb ruhig. „Das ist eine lange Geschichte", sagte er. „Willst du sie wirklich hören?"

Jana nickte.

Inzwischen waren sie bei der Klosterkirche angekommen. Leise hörte man Musik nach draußen dringen.

„Gehen wir hinein, da ist es nicht so kalt", schlug Kalle vor und befahl Knurps, draußen den Schlitten zu bewachen.

Er öffnete die schwere Tür. Sie wurden von dem mächtigen Klang einer Orgel empfangen.

„Da übt wohl heute einer", sagte Kalle.

Jana war auf einmal ganz feierlich zumute. Sie blieben eine Weile stehen und lauschten. Bald klang die Musik süß und leicht, dann füllten wieder schwere, weihevolle Klänge das Kirchenschiff.

„Das Stück ist von Johann Sebastian Bach", erklärte Kalle. Er hatte die Fellmütze

abgenommen und strich sich die Zottelhaare aus dem Gesicht.
Was Kalle alles weiß, dachte Jana.

Es war eine alte Kirche. Überall hingen riesige Gemälde in vergoldeten Rahmen, die Geschichten aus der Bibel erzählten. Einige davon kannte Jana. Ganz vorn saßen zwei alte Frauen. Außer ihnen und dem Organisten war die Kirche leer.
Kalle winkte Jana zu sich. „Setzen wir uns hierher", flüsterte er und ließ sich in der letzten Reihe nieder.
Er schlug für einen Moment die Hände vors Gesicht. Dann richtete er sich auf und begann:
„Es ist nicht ganz leicht, und ich weiß auch nicht recht, wie ich anfangen soll. Du kannst mir glauben, dass ich schon bessere Zeiten gesehen habe. Ich hatte eine Frau und einen Beruf, ein Haus und ein Auto. Aber dann wurde meine Frau krank. Du musst wissen, dass wir uns sehr lieb hatten."
Er hielt inne und wischte sich die Augen.
„Jahrelang ging das! Wir liefen von Arzt zu Arzt und dann starb sie mir trotzdem einfach weg."

Jana fühlte, wie schwer es ihm fiel, davon zu erzählen.

„Ich bin damit einfach nicht fertig geworden", fuhr Kalle fort. „Ich konnte nicht mehr schlafen und hatte an gar nichts mehr Freude. Da hab ich angefangen, Schnaps zu trinken. Weißt du, mit Schnaps vergisst man. Aber man kann dann nicht mehr aufhören zu trinken! Denn wenn man keinen Alkohol mehr im Blut hat, ist alles noch schlimmer und unerträglicher. Ein Jahr später habe ich meine Arbeit verloren. Daran war nicht allein der Schnaps schuld. Die Firma hat mich nicht mehr gebraucht. Ein Computer hat meinen Platz eingenommen."

Jana sah ihn ungläubig an. Man kann doch einen Menschen nicht durch einen Computer ersetzen, dachte sie.

„Das glaubst du nicht, was?" Kalle zuckte die Achseln. „Ist aber so. Ich habe in einer Druckerei als Setzer gearbeitet. Dann haben sie ein neues Computersystem und eine digitale Druckmaschine angeschafft. Damit ging alles viel schneller und besser. Die jüngeren Kollegen wurden umgeschult. Aber mich fand man wohl zu alt dafür, obwohl ich

damals erst fünfundfünfzig war. Außerdem brauchte man jetzt weniger Angestellte, weil die neue Technik viele Arbeiten überflüssig machte. So wurde ich plötzlich auch noch arbeitslos und das Haus war noch nicht abgezahlt.

Ich habe mich wirklich bemüht, einen anderen Job zu bekommen. Aber keiner konnte mich brauchen. Da gab ich auf und trank immer mehr. Als ich die Bankzinsen nicht mehr bezahlen konnte, wurde das Haus versteigert und ich blieb auf einem großen

Haufen Schulden sitzen. Ich musste die Möbel und das Auto verkaufen und wohnte für kurze Zeit zur Untermiete. Dann hatte ich auch dafür kein Geld mehr. Seither mach ich Platte. Das sind jetzt schon fast fünf Jahre."

„Wie meinst du das, Platte machen?", fragte Jana.

„Wenn man auf der Straße lebt, mal hier mal dort schläft, in Abbruchhäusern, unter Brücken, im Bahnhof, in Toilettenhäuschen – mein Gott, wo ich schon überall Nächte verbracht habe", erklärte Kalle fast atemlos, als wolle er sich endlich mal alles von der Seele reden.

Dann hielt er inne, schloss die Augen und hörte auf die Musik.

Jana hatte großes Mitleid mit ihm.

„Und Knurps?", fragte sie schließlich. „Woher hast du den Knurps eigentlich?"

Kalle gab sich einen Ruck. Ein Lächeln überzog sein Gesicht. „Den Knurps hat mir der Himmel geschickt. Ohne den Knurps wäre ich vielleicht schon mausetot – tot gesoffen!"

Jana sah ihn erschrocken an.

„Das war so vor drei Jahren. Ich war ziemlich am Ende, schon ganz abgemagert und ich hatte überall Schmerzen.

Eines morgens schlaf ich auf einer Parkbank meinen Rausch aus. Da fühl ich was Nasses auf der Nase. Ich mach die Augen auf und krieg gleich noch mal eine drübergewischt." Kalle rieb sich die Nase.

„Das war der erste Kuss, den ich seit vielen Jahren bekommen hatte, nur ein Hundekuss, aber vom besten Hund der Welt." Seine Augen leuchteten.

„Bis heute weiß ich nicht, woher er kam und wem er vorher gehört hat. Er war auf einmal da, einfach so. Und dann ist dieser verrückte Hund einfach bei mir geblieben! Bei dem alten versoffenen Kalle."

Er wischte sich gerührt eine Träne weg.

Jana dachte daran, was Mama immer sagte, wenn sie wieder mal mit ihrem Wunsch nach einem Hund ankam: „Hunde machen viel Arbeit und kosten eine Menge Geld. Sie brauchen Futter, man zahlt Hundesteuer, und wenn sie krank sind, muss man auch noch den Tierarzt bezahlen."

„Aber so ein Hund kostet doch eine Menge Geld", wandte Jana deshalb ein.

„Gott sei Dank!", gab Kalle zurück.

Jana wunderte sich.

„Tja, Mädchen, ich hab's ja schon gesagt: Den Knurps hat mir der Himmel geschenkt. Der Hund ist mir nicht mehr von der Seite gewichen, und als ich von meinen paar Kröten am Kiosk 'ne Buddel holen will, sieht er mich so vorwurfsvoll und hungrig an, dass ich umdrehe und im Supermarkt Hundefutter kaufe."

„Und du trinkst keinen Schnaps mehr?", wollte Jana wissen.

„Von da an habe ich versucht, immer weniger zu trinken. Der Knurps hat mir dabei geholfen. Immer wenn ich traurig war und einen Schluck hätte brauchen können, dann war er da und hat seinen Kopf an mir gerieben, so als wollte er sagen: Du hast doch jetzt mich und ich brauch dich noch."

Nachdenklich sah er nach vorn. „Es gibt eben doch noch Wunder im Leben."

Dann stand er auf und sagte: „Ich möchte den Knurps nicht so lange allein draußen lassen."

Jana nickte. Auch für sie war es Zeit, heim zu gehen.

Knurps begrüßte die beiden verzückt. Er sprang an Kalle und Jana hoch und verhedderte sich dabei in der Schlittenschnur.

„Ist ja gut, alter Freund", lachte der Alte, befreite das Tier und drückte Jana die Schnur in die Hand.

„Danke fürs Zuhören! Kommt nicht so oft vor, dass jemand die Geschichte vom alten Kalle hören will."

Jana war ein bisschen verlegen, und weil sie nicht recht wusste, was sie sagen sollte, gab sie Knurps einen freundschaftlichen Klaps.

„Danke, du Schlittenhund. Bis bald mal."

Sie hob die Hand zum Abschied und machte sich rasch auf den Heimweg.

Kalles Geschichte hatte sie tief beeindruckt. Er war eben doch kein fauler Kerl, der nicht arbeiten wollte. Er hatte nur verdammt viel Pech gehabt.

Als Mama heim kam, machten sie zusammen die Deutsch-Hausaufgaben.

„Ich weiß nicht, was ich mit dir machen

soll", seufzte Mama, als sie die vielen Fehler anstrich. „Du bräuchtest viel mehr Übung. Aber ich habe einfach zu wenig Zeit, und abends bin ich total geschafft. Wir müssen jemanden finden, der dir Nachhilfe gibt."

Jana fühlte sich schuldig. Sie war doch nicht dumm! Nachhilfe, das kostete eine Menge Geld, und so viel verdiente Mama auch wieder nicht.

Aber nicht nur der Ärger wegen Deutsch machte Jana heute zu schaffen, als sie einschlafen wollte.

Sie dachte an Kalle und seine traurige Geschichte. Kalle war in Ordnung, das spürte sie. Und sagte Mama nicht immer, man soll auf sein Herz hören?

Wie gerne hätte sie mit Sandra darüber gesprochen. Sandra hätte Kalle bestimmt auch gemocht, dachte sie.

Wie er und Knurps wohl die kalte Nacht verbringen?

Jana hat ein Problem

Der Wecker riss Jana unsanft aus dem Schlaf.
Jetzt schon aufstehen?, dachte sie, dabei bin ich doch so spät eingeschlafen!
Sofort fiel ihr der arme Kalle wieder ein, aber auch das, was Franzi gesagt hatte. Was war, wenn sie sich in Kalle täuschte?
„Zieh dich warm an", mahnte Mama, bevor sie weg ging, „es ist richtig kalt geworden."
Jana warf einen Blick auf das Außenthermometer. Sechs Grad minus!

Am Schultor begegnete sie Franzi.
„Wo hast du denn deinen schicken Freund gelassen?", spöttelte sie.
Jana ärgerte sich. Es hatte keinen Zweck, Franzi von Kalles Schicksal zu erzählen. Das interessierte die sicher gar nicht. Sie ließ Franzi einfach stehen.
In der ersten Stunde musste die Klasse ein Probediktat schreiben. Jana war nervös. Es fiel ihr sehr schwer, sich zu konzentrieren.

Verdammt, schrieb man "fleißig" mit "s", "ss" oder "ß"? Jana sah grübelnd aus dem Fenster.

„Jana!" Frau Gebauers Stimme klang verärgert. „Hör auf zu träumen und pass auf!"

Am Nachmittag ging Jana wieder zum Rodelberg, wo schon lebhaftes Treiben herrschte. Waren Kalle und Knurps wieder da? Nein, heute musste sie den Schlitten allein nach oben ziehen. Das machte nicht halb so viel Spaß wie gestern.

Kalle und sein Hund gingen ihr nicht mehr aus dem Kopf. Auf dem Heimweg kam sie wieder an der Kirche vorbei, in der sie gestern seine Geschichte erfahren hatte.

Wenigstens bekommt er hier bei den Schwestern eine warme Mahlzeit, dachte sie.

Sie wusste auch nicht genau warum, aber irgendetwas drängte sie plötzlich, durch den mächtigen Torbogen der hohen Klostermauer in den Innenhof zu gehen.

Das alte Gemäuer hatte etwas Festes, Beruhigendes. Auf den Buchsbaumrabatten des Klostergartens lagen hohe Schneekappen. Außer den Vögeln, die sich lebhaft am Futterhaus bedienten, war alles ruhig. Jana nahm all ihren Mut zusammen und läutete an der Pforte des ehrwürdigen Gebäudes. Aber es rührte sich nichts. Sie wollte gerade wieder gehen, als eine junge Nonne die schwere Tür öffnete.

„Kann ich dir helfen?"

Jana erschrak. Was will ich eigentlich hier?, dachte sie.

„Suchst du jemanden?", fragte die Nonne hilfsbereit.

„Kennen Sie Kalle, den alten Mann mit dem Hund? Ich dachte, er ist vielleicht hier, weil er doch immer Essen hier kriegt", erwiderte Jana.

Die Nonne nickte.

„Natürlich kenne ich den Kalle! Er hilft mir im Sommer oft bei der Gartenarbeit und im Winter schippt er Schnee. Aber bei uns ist Speisung nur zu bestimmten Zeiten, und jetzt ist gerade keine Essenszeit. Was willst du denn von ihm?"

Jana war etwas verlegen.

„Ich wollte nach ihm sehen", gab sie zur Antwort. „Es ist so kalt geworden."

Die Schwester sah Jana erstaunt an.

„Dass du dich um Kalle sorgst? Aber er hat es wirklich verdient, dass man sich um ihn Gedanken macht. In den letzten Jahren hat das Schicksal es nicht gut mit ihm gemeint."

„Wenn ich nur wüsste, wie ich ihm helfen kann", sagte Jana bedrückt. Sie fühlte sich schrecklich. Sicher, sie wollte Kalle gern helfen. Aber das war eigentlich gar nicht der Grund, warum sie hierher gekommen war.

„Zeig ihm, dass er etwas wert ist. Das ist, was er am meisten braucht", erwiderte die Nonne und lächelte Jana aufmunternd zu. „Versuch es doch morgen um zwölf oder um fünf, da fangen wir mit den Essensausgaben an."

Sie winkte Jana zu und wollte gerade die Tür schließen.

„Schwester?"

Die Nonne kam noch einmal heraus und sah Jana fragend an.

„Die Franzi sagt, dass es gefährlich ist, wenn ich den Kalle zum Freund hab."

Jetzt war es raus! Jana sah zu Boden.

„Die Franzi hat ganz Recht, wenn sie dich vor Fremden warnt", erwiderte die Nonne. „Du sollst auch niemals mit einem Fremden mitgehen! Was den Kalle angeht: Den kenne ich schon seit fünf Jahren. Ein herzensguter Mensch! Aber ich verstehe, dass du dir unsicher bist. Es wäre auch sehr leichtsinnig, jedem zu vertrauen."

Sie lächelte Jana freundlich an.

„Er ist öfter hier, und in den nächsten Tagen bindet er die Adventskränze fürs Kloster, das kann er nämlich richtig gut. Wenn du ihn sehen willst, komm doch einfach ab und zu hierher."

Auf dem Heimweg fühlte sich Jana richtig erleichtert. Ein dicker Stein war ihr vom Herzen gefallen. Aber dennoch wälzte sie sich am Abend vor dem Einschlafen lange hin und her. Was konnte sie für Kalle und Knurps tun?

In der Nacht hatte sie einen Traum:
Sie war im Innenhof des Klosters. Mit dem Rücken zu ihr stand ein Mann. „Kalle, da bist du ja!", rief sie. Der Mann drehte sich um und sagte: „Ich bin doch nicht Kalle, ich bin doch der Opa." Jana wollte auf ihn zugehen, aber da war er plötzlich wie vom Erdboden verschluckt.
Als Jana am anderen Morgen aufwachte, hatte sie die Idee!

Die Idee

Beim Frühstück fragte Jana, während sie sich ein Honigbrot strich, ganz beiläufig: „Was passiert eigentlich mit Opas Wohnwagen?"

Mama sah von der Zeitung auf. „Wie kommst du denn jetzt darauf?"

Jana ließ sich nichts anmerken.

„Nur so…"

Die Mutter faltete die Zeitung zusammen.

„Wahrscheinlich werde ich ihn im Frühjahr verkaufen müssen. Hoffentlich werde ich das alte Ding los. Ewig kann es ja nicht bei Biller stehen."

Der Großvater war im April an einem Herzinfarkt gestorben. Tot, von einem Tag auf den anderen! Für Jana und Mama war das damals ein riesiger Schock. Opa hatte Jana jeden Wunsch von den Augen abgelesen. Mama hatte oft geschimpft, weil er ihr alles erlaubte.

„Mach nur, mein Janamädchen, mach nur", sagte er immer, wenn sie ihn um etwas bat.

Mit seinem Wohnwagen hatte der alte Herr viele Reisen unternommen. Jetzt stand das gute Stück unbenutzt auf einem abgelegenen Teil des Fabrikgeländes der Firma Biller, die Elektromotoren herstellte. Weil Opa dort früher als Lagerverwalter gearbeitet hatte, hatte er vom Chef die Erlaubnis erhalten, den Wohnwagen dort abzustellen.

Mama seufzte und stand auf.
„Ich muss los! Ich bin spät dran heute Morgen!"
Als die Mutter die Wohnung verlassen hatte, räumte Jana rasch den Tisch ab. Auch sie hatte es eilig, denn sie wollte vor der Schule noch etwas erledigen. Sie lief ins Wohnzimmer und öffnete Mamas Schreibtischschublade. Es dauerte nicht lange und sie hatte gefunden, wonach sie suchte.
Ihr Herz klopfte heftig, als sie die Wohnwagenschlüssel an sich nahm. Sie wusste, dass Mama niemals mit ihrem Plan einverstanden wäre. Oder vielleicht doch?, versuchte sich Jana zu beruhigen. Wenn sie wüsste, dass Kalle ein anständiger Penner war, hätte sie sicher nichts dagegen.

Penner, dachte sie dann. Penner, das ist eigentlich ein hässlicher Ausdruck für einen, der so viel Unglück erlebt hat.

Sie beschloss, das Wort nicht mehr zu benutzen.

Es fiel Jana heute sehr schwer, sich im Unterricht zu konzentrieren. Die ganze Zeit dachte sie an Kalle und Knurps.

Nach der Schule nahm sie den Weg, der an Billers Fabrik vorbeiführte. Sie war oft mit Opa hier gewesen. Der Wohnwagen stand auf einem abgelegenen Teil des Geländes, verdeckt durch wild wuchernde Sträucher und große Stapel von Holzpaletten, die hier seit Jahren vor sich hin moderten. Opa hatte sich oft darüber aufgeregt.

Der Zaun, der das Grundstück einschloss, war in diesem hinteren Teil nicht mehr vollständig. Die morschen Holzpfosten waren an manchen Stellen abgeknickt und der Maschendraht lag teilweise am Boden. Es war ganz einfach, zum Wohnwagen zu gelangen, ohne durch das große Tor gehen zu müssen. Niemand würde es bemerken, wenn Kalle hier übernachtete. Jana fegte mit den Handschuhen den Schnee von der Klinke, schloss auf und stieg über die zwei Metallstufen ins Innere.

Alles war unverändert. Es kam ihr auf einmal so vor, als wäre Opa ganz nah. Sie drückte sich am Klapptisch vorbei auf die Eckbank und setzte sich hin. Wie sie den Großvater vermisste!

Die Tränen stiegen ihr in die Augen. Dann zog sie die Nase hoch und sagte laut, so als ob Opa neben ihr säße: „Lieber Opi, lass doch den Kalle in deinem Wohnwagen wohnen! Du brauchst ihn doch nicht mehr und der alte Kalle und sein Knurps müssen sonst vielleicht erfrieren."

Jana seufzte. Das wäre schön, wenn Opa sie wirklich hören könnte!

„Mach nur, mein Janamädchen! Mach nur."

Nein, sie täuschte sich nicht! Das war seine Stimme, und sie war ganz tief in ihr drin.

Jana war plötzlich viel leichter ums Herz. Sie wischte sich die Tränen weg.

Der Wohnwagen war zwar alt, aber gepflegt und äußerst praktisch eingerichtet. Wenn man den Tisch wegkippte, konnte man die Eckbank zu einem großen Bett umbauen. Jana sah nach, ob das Bettzeug noch im Bankkasten war. Neben der Eingangstür war eine kleine Küchenzeile mit Kühlschrank und zwei Gaskochern. In den Einbauschränken, die jeden freien Winkel des Wagens ausfüllten, gab es alles, was man an Geschirr und Hausrat brauchte. In einem davon fand sie sogar einige Kleidungsstücke, die dem Großvater gehört hatten. Auch Wintersachen waren dabei, ein warmer Mantel und feste Schuhe. Sie zog eine Hose heraus und hielt sie vor sich hin. Vielleicht passten Kalle die Sachen.

Jana war begeistert. Hier hatten Kalle und Knurps eine anständige Bleibe für den Winter. Sie öffnete eine Klappe neben der Eingangstür. Opa lagerte hier die Gasflaschen, mit denen er Kochstelle und Heizung des Wagens speiste. Auch das Licht brannte mit Gas. Erleichtert atmete sie auf, als sie zwei große Flaschen vorfand. Für einige Zeit würden die schon reichen und später würde man dann sehen.

Zufrieden, dass ihr Plan sich ausführen ließ, machte sich Jana auf den Rückweg. Sie beschloss, Kalle gleich die gute Nachricht zu bringen. Ob er wieder in der Kaufhauspassage saß? Ihre Schritte wurden schneller und ihr Herz klopfte vor Aufregung. Was für ein Gesicht würde er machen?

Aber Kalle und Knurps waren nicht da.

Eine Verbündete

Vielleicht waren sie ja bei den Barmherzigen Schwestern?

Diesmal läutete Jana schon viel mutiger an der Glocke des Klosters. Nach einiger Zeit kam die nette Schwester von gestern wieder heraus.

„Na, du schon wieder?" Sie lächelte freundlich.

„War Kalle da?", wollte Jana wissen.

„Ich habe ihn heute noch nicht gesehen", antwortete die Nonne. „Warum suchst du ihn denn?"

„Weil ich eine super Idee habe", erklärte Jana und strahlte.

Die Nonne versteckte die Hände in den weiten Ärmeln der schwarzen Tracht.

„Es ist scheußlich kalt heute", stellte sie fest. „Komm besser rein, sonst erkälten wir uns noch."

Jana klopfte sich den Schnee von den Schuhen und trat ein. Staunend betrachtete sie das riesige Treppenhaus mit der breiten Steintreppe. Die hohen Fenster waren kunstvoll mit steingehauenen Verzierungen eingefasst und ließen nur wenig Licht durch die bunten Glasscheiben.

Viel wärmer als draußen ist es hier aber auch nicht, dachte sie.

„Ich bin übrigens Schwester Lucia", stellte die Nonne sich vor. „Und du?"

„Jana", sagte Jana.

„Also Jana, dann schieß mal los!"

Und dann erzählte Jana von ihrem tollen Plan und ihre Augen funkelten dabei vor Begeisterung.

Schwester Lucia hörte sich alles ruhig an. Dann war sie eine Weile stumm und überlegte.

„Deine Idee ist gar nicht so schlecht", gestand sie zu. „Wenn Kalle erst mal wieder ein Dach über dem Kopf hätte, wäre ihm sehr geholfen, vor allem jetzt im Winter."

Jana nickte eifrig. Sie war stolz, dass Schwester Lucia der Plan gefiel.

„Deine Mutter weiß doch davon?"

Diese Frage hatte Jana befürchtet.

„Ich frag sie heute Abend", antwortete sie rasch.

„Wenn sie es dir erlaubt, würde ich gern dabei sein, wenn Kalle und Knurps einziehen. Dann kann ich sehen, was noch gebraucht wird. Vielleicht können wir mit ein paar Sachen aus dem Kloster aushelfen."

„Das wäre toll!" Jana strahlte.

„Also abgemacht", sicherte Schwester Lucia zu, „wenn du mit Kalle zum Wohnwagen gehst, holt ihr mich ab."

Wie soll ich das nur Mama beibringen?, überlegte Jana auf dem Heimweg.

Die Mutter kam heute ziemlich erschöpft von der Arbeit nach Hause.

„Das war ein Tag heute!", stöhnte sie und

ließ sich in den Sessel fallen. „Drei Leute krank und ein Telefonat nach dem anderen und der Chef hatte eine Laune… Ich will nur noch meine Ruhe!"

Mist, dachte Jana, wenn ich sie jetzt frage, sagt sie bestimmt Nein.

Besser, ich frag sie morgen.

Eine Sechs und ein Vorschlag

Als Jana am nächsten Morgen aufwachte, hatte sie nur einen Gedanken. Heute musste sie Kalle treffen!

In der ersten Stunde gab Frau Gebauer das Diktat zurück.

„Das war nichts Gescheites, Jana", tadelte sie. „Du musst dich mehr konzentrieren!"

Eine große rote Sechs stand unter der Arbeit. Jana warf nur einen kurzen Blick darauf und ließ das Heft sofort im Ranzen verschwinden.

Nicht schnell genug für Nico.

„Volle Punktzahl! Herzlichen Glückwunsch!", hänselte er.

Jana kämpfte mit den Tränen. Der Misserfolg hatte sie zutiefst getroffen und Nicos Spott konnte sie jetzt überhaupt nicht gebrauchen. Die schlechte Note wurmte sie so, dass sie richtig Bauchweh bekam.

Nach der Schule schlug sie den Weg zur Kaufhauspassage ein.

Und heute waren sie da!

„Hallo Jana", begrüßte sie Kalle, der an seinem angestammten Platz saß und das Schild vor sich aufgebaut hatte.

Knurps erkannte Jana sofort und lief schwanzwedelnd auf sie zu.

Sie kraulte ihm den Nacken. Kalle beobachtete sie aufmerksam.

„Na, du hast ja heute eine richtige Donnerfalte auf der Stirn."

Jana kämpfte mit den Tränen.

„Willst du dem alten Kalle nicht erzählen, was los ist?"

Seine Stimme klang warm und verständnisvoll. Doch Jana schüttelte den Kopf. Sie wollte dem alten Mann eine Freude machen und nicht den Trauerkloß spielen.

„Sag mal, du hast doch was?" Er sah sie prüfend an.

Jetzt konnte Jana die Tränen nicht mehr zurückhalten. Sie fingerte ein Taschentuch aus ihrer Schultasche heraus. Dabei geriet ihr das Diktatheft in die Hände. Wortlos hielt sie es Kalle hin. Während sie sich die Nase putzte, schaute sich Kalle aufmerksam die Arbeit an.

„Das fällt dir schwer, das mit der Rechtschreibung, was?"

Jana nickte.

„Du musst fleißig üben! Dann wird es auch besser", versuchte er sie zu trösten.

Aber jetzt liefen die Tränen nur noch mehr.

„Na, na…" Der Alte wirkte etwas hilflos. „Hast du denn keinen, der dir hilft?"

Jana zuckte die Achseln. Wieder schnäuzte sie sich. Dann schluckte sie.

„Mama hat wenig Zeit, die muss bis abends arbeiten und dann ist sie müde. Und Nachhilfe kostet eine Menge Geld", schluchzte sie.

„Warum übst du nicht alleine?", fragte Kalle.

„Mach ich ja! Aber irgendwie nützt das nichts. Frau Gebauer sagt, ich habe eine Rechtschreibschwäche. Ich glaube, das ist so eine Art Krankheit. Da kann man nicht viel machen", gab Jana leise zurück.

„Du hast schon aufgegeben, nicht wahr?" Kalle deutete auf das Blatt Papier, das vor roten Korrekturzeichen nur so strotzte.

„Man darf aber nicht aufgeben! Schau mich an! Du willst doch nicht so werden wie ich?"

Er erhob sich bedächtig.

„Also, ich mache dir einen Vorschlag.

Im Rechtschreiben bin ich richtig gut. Als Schriftsetzer muss man das perfekt können. Wenn du willst, kann ich jeden Tag mit dir üben. Ich habe wirklich alle Zeit der Welt. Wir könnten uns doch im Bahnhof in dem kleinen Wartesaal treffen."

Jana sah ihn mit großen Augen an. Sie konnte weiß Gott Hilfe gebrauchen. Aber doch nicht im Bahnhof!

Plötzlich fiel ihr wieder ein, warum sie eigentlich mit Kalle sprechen wollte. Sie räusperte sich.

„Ich hätte vielleicht eine Bleibe für dich und den Knurps!", platzte sie heraus.

Kalle schaute verständnislos.

„Der Wohnwagen von meinem Opa!", fuhr Jana fort. „Der steht leer, weil mein Opa tot ist. Ich hab mir alles genau überlegt. Da könntet ihr doch drin wohnen!"

Sie sprach hastig, als wolle sie Kalle keine Zeit für Einwände lassen.

Kalle runzelte die Stirn. „Weißt du, das ist sehr nett, dass du dir um uns Gedanken machst. Weiß denn deine Mutter davon?"

„Schwester Lucia findet die Idee auch ganz

super", warf Jana schnell ein, um Kalle von Mama abzulenken.

„Schwester Lucia?" Kalle schaute sie erstaunt an.

„Ich hab dich gestern gesucht, weil ich dachte, dass du vielleicht im Kloster sein könntest, und da habe ich ihr von meinem Plan erzählt. Sie hat gesagt, wir sollen sie abholen, wenn wir zum Wohnwagen gehen, weil sie sehen will, ob dir noch was fehlt."

Kalle schaute Jana, die immer noch ganz verheult aussah, lange an. Dann sagte er: „Weißt du, mit dem Helfen ist das so eine Sache. Richtig freuen kann man sich nur, wenn man selber auch etwas zurückgeben kann. Ich nehme dein Angebot an, aber nur, wenn ich dir dafür in Deutsch helfen darf."

„Dafür ist doch der Wohnwagen ideal!", freute sich Jana.

„Hmm", überlegte Kalle und kratzte sich am Kopf, „ich weiß nicht recht. Heutzutage ist das nicht so einfach für einen Mann, mit einem Schulmädchen in einen Wohnwagen zu gehen. Du verstehst, was ich meine?"

Jana schüttelte den Kopf.

Kalle war sichtlich verlegen.

„Na ja, am Schluss sagt dann vielleicht jemand, ich wär einer, der Kinder belästigt, und dann komm ich noch in den Knast."

Jetzt verstand Jana. Da hatte Kalle Recht. Sie selbst hatte ja anfangs Bedenken gehabt, und wenn Franzi erführe, dass sie sich mit Kalle regelmäßig im Wohnwagen trifft, könnte schnell so ein Gerücht entstehen.

„Vielleicht hat Schwester Lucia eine Idee", sagte sie schließlich.

'ne Villa und ein Müllcontainer

Auf dem Weg zum Kloster erzählte sie Kalle von Opa.

„Du hast ihn richtig lieb gehabt, deinen Opa", bemerkte Kalle.

Jana nickte traurig und tätschelte Knurps, der zwischen ihnen lief. Als sie an der Pforte läuteten, öffnete wieder Schwester Lucia.

„Wir gehen jetzt zum Wohnwagen", erklärte Jana.

„Ich hole mir rasch einen Mantel." Die Nonne verschwand im Inneren des Gemäuers.

„Das ist eine ganz besonders Nette", meinte Kalle. „Die kümmert sich um die Klostergärtnerei und den Kirchenschmuck und hat manchmal auch Arbeit für mich. Bald müssen wieder Adventskränze gebunden werden. Das hab ich letztes Jahr schon gemacht."

„Was du alles kannst", stellte Jana mit Bewunderung fest.

Da kam schon Schwester Lucia und gemeinsam machten sie sich auf den Weg zum Billerschen Grundstück.

Hoffentlich fragt sie nicht noch mal nach Mama, dachte Jana.

Aber da sagte Kalle: „Wir haben da ein Problem, Schwester."

Schwester Lucia sah ihn aufmerksam an. „Nur heraus damit!"

Und dann erzählte Kalle von Janas Misserfolg im Diktat und von seinen Bedenken, mit ihr im Wohnwagen zu üben.

„Es ist wirklich schlimm", stimmte Schwester Lucia zu, „aber heute muss man sehr vorsichtig sein. Es ist in letzter Zeit so viel mit Kindern passiert. Da kommt man schnell ins Gerede, auch wenn man anständig ist."

Von dem Vorschlag, im kleinen Wartesaal zu üben, hielt sie allerdings ebenso wenig wie Jana.

„Bei dir daheim geht es wohl nicht?", fragte sie.

Jana schüttelte den Kopf und wurde ein bisschen rot. „Ich will Mama doch damit überraschen, dass ich besser werde" redete sie sich heraus.

Sie gingen ein Stück schweigend.
Nach kurzem Nachdenken meinte Schwester

Lucia: „Eigentlich könnt ihr doch im Gewächshaus üben. Da, wo meine Lieblinge stehen, ist es schön warm."

Jana sah Kalle fragend an. „Lieblinge?", wiederholte sie.

„Sie meint ihre Orchideen", erklärte Kalle. „Sie ist ganz verrückt mit ihren Orchideen. Prächtigere findest du auch im botanischen Garten nicht. Sie verkauft die Nachzucht bis nach England."

Schwester Lucia winkte ab. Das Lob hatte sie verlegen gemacht. „Na ja, ich mag sie und sie mögen mich und deshalb wachsen sie so gut. Zum Glück erlaubt mir die Oberin, das Gewächshaus im Winter zu beheizen, deshalb ist es schön warm dort. Kalle kann einen Gartentisch und zwei Stühle aus dem Schuppen holen, dann habt ihr auch einen Arbeitsplatz."

„Das wäre ja total spitze!", rief Jana. „Danke, Schwester Lucia!"

Und dann waren sie auch schon beim Wohnwagen.

„Gibt es denn keinen anderen Weg?", fragte Schwester Lucia, während sie ihren langen

Rock raffte, um über den niedergetretenen Drahtzaun zu steigen.

„Wenn wir vorn herum gehen, ist es viel weiter", erklärte Jana schnell.

Schwester Lucia hat sogar schwarze Strümpfe an, dachte sie. Wie langweilig, wenn man immer nur schwarze Sachen anziehen muss!

Jana schloss den Wohnwagen auf und sie traten ein. Kalle konnte es gar nicht fassen, dass er hier wohnen sollte. Auch Schwester Lucia fand den Wohnwagen geradezu ideal. Jana zeigte Kalle, wo das Bettzeug und die Gasflaschen waren. Knurps schien sich sofort heimisch zu fühlen. Er hatte es sich gleich unter dem Tisch bequem gemacht.

„Das ist mal 'ne schöne Villa für uns, was Knurps?"

Knurps klopfte wie zur Bestätigung fest mit dem Schwanz auf den Boden.

Jana öffnete den Kleiderschrank. „Meinst du, die Sachen passen dir?" Sie holte eine Hose und den Mantel heraus.

Kalle hielt sich die Kleidungsstücke an. „Wie angegossen, gnädiges Fräulein. Da wird aus dem alten Kalle noch ein feiner Pinkel."

Er drehte sich wie auf dem Laufsteg. Sogar die Schuhe passten, auch wenn sie ein klein wenig zu groß waren.

„Da wachs ich schon noch rein", spaßte er, „und ich hab genug Platz für Zehengymnastik." Kalle drehte und wendete sich.

„Es ist ja wirklich fast alles da", stellte Schwester Lucia zufrieden fest. „Ich denke, eine warme Wolldecke könnte trotzdem nicht schaden, das Bettzeug hier ist mehr was für den Sommer. Du kannst ja gleich mitkommen, Kalle, dann gebe ich sie dir. Und eine saubere Decke für Knurps finden wir auch noch", entschied sie mit einem Blick auf die schmutzige Decke, die Kalle neben seinen Plastiktüten vor der offenen Tür abgelegt hatte.

Jana sah auf die Uhr. „Schon so spät? Ich muss jetzt los! Mama kommt schon bald heim und ich muss noch Hausaufgaben machen." Sie gab Kalle den Wohnwagenschlüssel.

„Morgen Nachmittag fangen wir mit Rechtschreiben an", entschied Kalle. „Um drei im Kloster."

Jana nickte eifrig.

Sie gingen alle noch ein Stück gemeinsam. Als sie an einem Müllcontainer vorbeikamen, hielt Kalle an.

„Heut ist ein Neuanfang", sagte er, „und da muss man sich von Altem befreien."

Er stopfte die schmuddelige Decke hinein und warf die beiden Plastiktüten schwungvoll hinterher."

Dann machte er eine Handbewegung, als wasche er sich in der Luft die Hände. „Ich hab so ein Gefühl, dass es bergauf geht."

Jana strahlte und Schwester Lucia warf ihr einen verschwörerischen Blick zu.

Als Mama heim kam, beichtete Jana die schlechte Diktatnote. Mama seufzte: „Wie soll das nur mit dir weitergehen?"

„Ich werde ab jetzt noch viel mehr üben. Ich verspreche es", beteuerte Jana.

Vielleicht schaffe ich es, dachte sie. Es gibt jetzt jemanden, der mir hilft. Und wenn ich dann besser bin, kann ich Mama auch von Kalle erzählen. Dann ist sie bestimmt nicht mehr gegen ihn.

Vor dem Einschlafen sah sie Kalles glückliches Gesicht noch einmal ganz deutlich vor sich. Er hat jetzt außer dem Knurps noch jemanden, der ihm hilft, dachte sie.

Ob er jetzt wohl schon daheim im Wohnwagen ist?

Überraschende Verwandlung

Als Jana am nächsten Tag kurz vor drei in den Innenhof des Klosters trat, kam ihr ein schwanzwedelnder Knurps entgegen. Jana tätschelte ihn erfreut. Aber wo war Kalle?

„Na, Fräuleinchen!"

Jana traute ihren Augen nicht. Vor ihr stand ein völlig verwandelter Kalle. Er hatte den struppigen Bart abrasiert und auch seine Haare waren frisch gewaschen und geschnitten.

„Ja ja, Kleider machen Leute!", lachte er und drehte sich einmal um die eigene Achse.

Jana sah ihn erstaunt an.

„Du hast dich rasiert?"

„Und ich war im Hallenbad zum Duschen, und beim Frisör war ich auch. Wenn man mit einer jungen Dame verabredet ist, kann man doch nicht so ungepflegt herumlaufen", gab er zurück. „Meine letzten Kröten habe ich diesem Haarkünstler geopfert."

Kalle war sichtlich gut gelaunt.

Jetzt kann keiner mehr Penner zu ihm sagen, dachte Jana. Richtig gut sieht er in dem Mantel aus. Schade, dass Franzi ihn nicht so kennen gelernt hat.

„So schnieke passe ich auch viel besser in meine neue Villa", fuhr Kalle fort.

Doch dann wurde er plötzlich ganz ernst.

„Du weißt gar nicht, was das für mich bedeutet, das mit dem Wohnwagen. Nach so vielen Jahren wieder ein ordentliches Bett zu haben."

Jana war ganz verlegen, sie glaubte in Kalles Augenwinkeln etwas glitzern zu sehen.

Zum Glück kam in diesem Moment Schwester Lucia.

„Ist das wirklich der Kalle?", fragte sie ungläubig.

Kalle wischte sich rasch die Augen und grinste wieder über beide Ohren.

„Nee", flachste er, „mein besseres Ich in Sonntagskleidern!"

„Kaum zu glauben", wunderte sich Schwester Lucia und ging voran, „was ein paar saubere Kleider und Seife doch ausrichten können."

Jana staunte, als sie das Gewächshaus betrat. Auf hohen, schmalen Metalltischen standen unzählige Pflanzen. Manche sahen unscheinbar, ja mickrig aus. Aber andere blühten reich in den schönsten Formen und Farben.

„Die ist aber schön", sagte sie bewundernd und blieb vor einer prächtigen, dunkelrot und gelb gesprenkelten Blüte stehen.

Schwester Lucia erstrahlte.

„Ja", erwiderte sie stolz, „das hier ist eine Rossioglossom. Ist es nicht eine Augenweide, wie sie jetzt im Winter blüht? Und schau, da drüben", sie ging zu einer Pflanze, die mehrere üppige rosa und rot gefärbte Blüten trug, „das ist eine Cymbidium, die kommt aus Thailand."

„Wie kann man sich nur diese komplizierten Namen merken?", fragte Jana.

„Das ist gar nicht so schwer, wie du vielleicht denkst", antwortete Schwester Lucia. „Wenn man sich täglich mit etwas beschäftigt, lernt man automatisch."

„Und genau so ist es mit dem Rechtschreiben", mischte sich nun Kalle ein.

„Vielleicht kann ich dann sogar Schwester Lucias Orchideennamen schreiben", lachte Jana.

„Jetzt übertreib mal nicht, Fräuleinchen", grinste Kalle und schob sie zu dem Gartentisch, den er gestern zusammen mit zwei Klappstühlen noch ins Gewächshaus geschafft hatte.

Jana setzte sich hin und holte ihre Deutschsachen heraus. Knurps legte sich brav auf den Boden und Schwester Lucia begann, von einigen Pflanzen die abgestorbenen Teile abzuschneiden.

Kalle sah sich die Hefte und Bücher durch. Er schlug vor, dass es wohl das Beste sei, mit der Verbesserung des Diktats anzufangen.

Jana war einverstanden. Sie gingen Fehler für Fehler durch und Kalle machte eine Liste, in der er aufschrieb, welche Rechtschreibregeln Jana noch nicht beherrschte. Eine nach der anderen wollte er im Laufe der nächsten Wochen mit ihr durchgehen. Die Zeit verging wie im Flug. Kalle war sehr geduldig, erklärte ausführlich und wusste viele Beispiele. Nach einer Stunde hatte Jana begriffen, wann sie "ß" und wann "ss" schreiben musste. In dem Wortdiktat, das Kalle ihr gab, machte sie nur zwei Fehler.

„Morgen machen wir weiter!", bestimmte Kalle und schlug das Heft zu.

„Ich bleib noch 'ne Weile hier, hab noch zu tun." Er stand auf und ging zu einer Werkbank hinüber, die in der Ecke des Gewächshauses stand. Hier lagen viele Tannenzweige und mitten drin ein riesiger Adventskranz.

„Ich habe gestern Abend noch angefangen, die Kränze für die Kirche und das Kloster zu binden. In ein paar Tagen ist schon der erste Adventssonntag. Riech doch mal, wie gut der duftet."

„Riecht nach Weihnachten", stellte Jana fest. „Und den hast du gebunden? Der ist ja viel dicker und schöner als die aus dem Laden!"

Inzwischen war es draußen schon dämmrig geworden und Jana musste sich auf den Heimweg machen.

Beim Abendessen fragte Mama: „Na, was hast du heute so getrieben, mein Schatz?"

Rasch biss Jana ein großes Stück von ihrem Brot ab. So gewann sie Zeit, um über die Antwort nachzudenken. Gerne hätte sie von ihrem neuen Freund erzählt, denn jetzt war Kalle wirklich zu einem Freund geworden.

Soll ich es ihr jetzt sagen? Aber was ist, wenn sie mir den Umgang mit Kalle verbietet?, dachte sie bang.

Bald erzähle ich es ihr. Ganz bald!

„Nichts Besonderes", antwortete sie nach kurzem Zögern.

„Sollen wir noch ein bisschen Rechtschreiben üben?", fragte Mama besorgt.

„Nicht nötig, hab ich schon gemacht", beruhigte sie Jana.

„Ich denke, du kannst das nicht alleine?", wandte die Mutter zweifelnd ein.

„In vier Tagen ist der erste Adventssonntag", lenkte Jana rasch ab, „und wir haben noch nicht mal einen Kranz."

„Du lieber Himmel", erschrak Mama, „du hast Recht! Kannst du morgen im Blumencenter einen kaufen? Ich lege dir Geld hin."

Jana nickte. Zum Glück war es ihr gelungen, das Thema zu wechseln.

Noch eine Idee

Am nächsten Tag machte sich Jana gleich nach dem Unterricht auf den Weg zum Blumencenter und sah sich die Adventskränze an, die dort fein säuberlich vor dem Schaufenster aufgereiht waren. Jana fand, dass sie ganz schön teuer waren. Während sie noch überlegte, welchen sie nehmen sollte, kam ihr eine Idee.

Warum sollte Kalle nicht den Kranz für sie binden? Das Geld, das die Mutter ihr gegeben hatte, konnte er sicher gut gebrauchen.

Für heute hatten sie sich früher verabredet. Kalle erwartete sie schon.

„Na Fräuleinchen", begrüßte er sie. Nehmen wir den Kampf gegen den Fehlerteufel wieder auf?"

Als sie im Gewächshaus saßen, fischte Jana das Geld aus dem Ranzen, das Mama ihr gegeben hatte, und legte es auf den Tisch.

„Dafür soll ich einen Adventskranz kaufen. Aber ich finde, das ist rausgeschmissenes Geld, wo du so schöne binden kannst. Lieber gebe ich es dir und du machst uns dafür einen."

Kalle warf einen Blick auf den Geldschein. Dann sagte er: „Das ist lieb von dir, aber ich will dein Geld nicht. Du hast mir schon genug geholfen. Ist doch klar, dass ich dir auch so einen Kranz binde."

Jana spürte, dass sie seine Gefühle verletzt hatte. „Aber du hilfst mir doch auch! Nachhilfe wäre sehr teuer. Wir sind quitt!", gab sie schnell zurück.

Kalle sah sie nachdenklich an.

„Gut", willigte er ein und steckte das Geld in die Tasche, „vielleicht hast du ja Recht. Und du hast mich auf eine Idee gebracht."

Jana war gespannt.

„Für das Geld kriegt man eine Menge Zweige und Draht. Ich könnte doch versuchen, meine selbst gebundenen Kränze an der Kaufhausecke anzubieten, jetzt, wo alle Leute einen Adventskranz kaufen. Ich frage einfach Schwester Lucia, ob ich sie hier binden darf."

Jana war von Kalles Geschäftsidee begeistert.

„Wenn du mir zeigst, wie es geht, helfe ich dir", schlug sie vor.

„Aber zuerst wird gelernt!", bestimmte Kalle.

Frau Gebauer hatte den Kindern eine Nachschrift aufgegeben, die sie am anderen Tag diktieren wollte. Satz für Satz übte Kalle mit Jana, den Text richtig zu schreiben.

„Du darfst beim Diktieren nur nicht nervös werden", sagte Kalle. „Lies sorgfältig nach, ehe du abgibst. Und erwarte nicht, dass du überhaupt keine Fehler mehr machst."

Als sie schon fast fertig waren, kam Schwester Lucia ins Gewächshaus. Kalle fragte sie gleich, ob sie etwas dagegen hätte, wenn er seine eigenen Kränze im Gewächshaus binden würde.

„Das ist eine prima Idee, Kalle", stimmte sie freundlich zu.

Dann gingen Jana, Kalle und Knurps los, Material zu besorgen. Im Blumencenter kaufte Kalle eine große Rolle Blumendraht. Die Zweige fand er zu teuer. „Warum holen wir die nicht einfach aus dem Wald?", wollte Jana wissen.

„Weil da nur Fichten stehen, und Fichten nadeln nach ein paar Tagen. Wir brauchen Tanne. Und außerdem ist es verboten. Stell dir mal vor, alle Leute würden ihren Adventsschmuck im Wald holen. Dann gäb's bald keinen Wald mehr", erklärte Kalle. „Aber ich weiß, wo wir die Zweige billiger kriegen."

Eine Straßenecke weiter bauten zwei Männer einen Christbaumstand auf. Sie setzten ein Tannenbäumchen nach dem anderen in hölzerne Ständer. Dazu mussten sie die unteren Zweige abschneiden. Ein großer Haufen lag schon im Schnee.

„Was kosten die?", fragte Kalle und deutete auf die Zweige am Boden.

„Fünf Euro, wenn ihr alle nehmt", antwortete einer der Männer.

Kalle sah sich die Zweige genauer an.

„Die sind prima", flüsterte er Jana zu, „alles Edeltanne."

Er reichte dem Mann das Geld. Knurps schnüffelte am Grün.

„Na Geschäftspartner! Einverstanden mit

der Ware?" Kalle klopfte seinem Hund freundschaftlich den Hals.

Im Gewächshaus des Klosters teilte Kalle mit seinem Taschenmesser die größeren Äste in kleine Zweige. Er nahm einen Arm voll Tannengrün und breitete es auf der Werkbank aus. Dann begann er, Jana Schritt für Schritt zu zeigen, wie man einen Kranz bindet. Es wurde ein prächtiger Adventskranz. Als er fertig war, sagte Kalle: „So, den nimmst du nachher mit heim."

Nun versuchte es Jana selbst. Aber das war gar nicht so leicht! Die Zweige waren widerspenstig und der Draht ließ sich kaum bändigen.

Kalle half ihr geduldig, zeigte ihr, wie sie die Drahtrolle halten musste und wie man das Grün gleichmäßig verteilte. Gemeinsam banden sie einen zweiten großen Kranz.

„Den kann ich morgen schon verkaufen", freute sich Kalle. „Wirst sehn, bald kannst du das genau so gut wie ich."

Jana sah zweifelnd auf ihre Hände, die ganz zerstochen waren und vom Harz klebten.

Zu Hause holte Jana gleich die Kiste mit dem Weihnachtsschmuck aus dem Schrank und putzte den Adventskranz mit Bändern und Kerzen heraus.

„Hat das Geld denn für so einen großen Kranz gereicht?", fragte ihre Mutter erstaunt, als sie heim kam.

Jana nickte stolz. Solche Kränze konnte nur einer binden!

Gute Geschäfte und ein Geschenk

Am nächsten Schultag diktierte Frau Gebauer gleich in der ersten Stunde die Nachschrift. Jana bemühte sich, ganz ruhig zu bleiben. Aufmerksam las sie Wort für Wort nach, wenn die Lehrerin den Text wiederholte. Bei manchen Wörtern war sie sich heute ganz sicher, sie richtig geschrieben zu haben.

Als sie am Nachmittag ins Gewächshaus kam, war Kalle schon da. Übermütig wedelte er mit seinem abgeschabten Geldbeutel in der Luft herum.

„Was ist da wohl drin?"

Jana machte ein neugieriges Gesicht.

„Ein Fünfziger! Richtig selbst verdientes Geld", lachte er und machte einen komischen kleinen Hopser, worauf Knurps ausgelassen an ihm hochsprang.

„Hast du denn heute schon so viele Kränze verkauft?", wunderte sich Jana.

„Ich habe noch bis in die Nacht gearbeitet. Kein einziges Zweiglein ist mehr übrig." Kalle zeigte Jana seine geröteten Hände. „Piken gemein, diese Nadeln."

Dann holte er aus seiner Manteltasche ein Päckchen. „Das ist für dich! Hab's gleich schön einpacken lassen."

Jana wickelte vorsichtig das Geschenkpapier ab. Eine Schneekugel kam zum Vorschein, drinnen war eine kleine Nikolausfigur mit Rentierschlitten.

„Die ist aber süß", freute sich Jana und schüttelte sie kräftig. Jetzt stand der winzige Nikolaus in einem richtigen Schneegestöber.

„Schlittenhunde hatten sie nicht", erklärte Kalle etwas verlegen. „Hoffentlich gefällt sie dir."

„Und wie!", rief Jana. „Aber das Geld brauchst du doch für dich und den Knurps."

Kalle machte ein beleidigtes Gesicht.

„Da mach dir mal keine Sorgen. Morgen verkaufen wir wieder Kränze. Uns geht's so gut wie lang nicht mehr. Und das haben wir dir zu verdanken."

Jana strich behutsam über die Schneekugel. Sie war ein ganz besonderes Geschenk.

In den nächsten Tagen verkaufte Kalle einen Adventskranz nach dem anderen. Jedes Mal nach dem Rechtschreibtraining half Jana ihm noch eine Weile beim Binden. Bald wurde sie immer geschickter.
Schwester Lucia war an den Nachmittagen oft im Gewächshaus dabei und Jana erfuhr eine Menge über Orchideen. Wo die alle herkamen! Manche brauchten nicht mal Erde, um zu gedeihen. Sie lebten von Luft und Wasser. Schwester Lucia machte es sichtlich Freude, Janas viele Fragen zu beantworten.
Kalle arbeitete oft noch bis spät in die Nacht. Da seine Kränze preiswerter waren als die in den Blumenläden, rissen sie ihm die Leute regelrecht aus der Hand. Bis zum ersten Adventssonntag hatte er richtig viel Geld eingenommen.
„Das tut gut", sagte er zu Jana, „wenn man endlich wieder mit den eigenen Händen sein Brot verdient! Und es tut nicht nur dem Magen gut. Es ist gut für die Seele."

Aber dann war der erste Adventssonntag vorbei und niemand brauchte mehr Kränze.

„Ist wohl aus mit dem Geschäft", bemerkte Kalle, als Jana nach der Schule ins Gewächshaus kam.

„Sei nicht traurig", versuchte sie ihn zu trösten.

„Ich bin gar nicht traurig." Kalle machte ein ernstes Gesicht.

„Ich bin nicht traurig, weil ich jetzt wieder weiß, dass ich was kann. Ich kann arbeiten wie ein Tier, wenn's drauf ankommt. Das hatte ich schon fast vergessen. Irgendwas find ich schon wieder. Wenn man weiß, wo man wohnt, und wenn man so eine gute Freundin hat wie dich, dann hat man auch wieder Kraft zum Arbeiten. Dann muss man nicht mehr betteln gehen."

Kalle nahm Janas Hand und drückte sie fest. „Das hab ich dir zu verdanken, Fräuleinchen!"

Als Jana an diesem Abend nach Hause kam, war sie froh und traurig zugleich. Froh war sie, weil sie spürte und sah, wie es mit Kalle bergauf ging. Bedrückt war sie, weil sie sich einfach nicht überwinden konnte, mit

Mama über ihren neuen Freund zu sprechen, und die Beichte mit jedem Tag, der verging, schwieriger wurde.

    Wo sollten Kalle und Knurps nur hin, wenn Mama ihnen vielleicht den Wohnwagen doch nicht lässt?, grübelte sie. Dabei fühlen sie sich dort so wohl!

    Was die beiden wohl gerade machen?

Schreck in der Morgenstunde

Als Mama am nächsten Morgen die Zeitung aufschlug, rief sie entsetzt: „Du lieber Himmel, bei Biller muss es heute Nacht gebrannt haben!"

Jana blieb der Bissen im Hals stecken. Sie lief rot an und hustete heftig. Mama klopfte ihr auf den Rücken.

„Was, – was ist denn passiert?", stotterte Jana fassungslos, als sie wieder sprechen konnte.

Mama nahm die Zeitung und las vor:

„Im einer Lagerhalle des Motorenwerks Biller brach gestern Abend Feuer aus. Die Ursache war ein Kurzschluss. Dank des beherzten Eingreifens eines aufmerksamen Passanten und seines Hundes konnte der Brand im Keim erstickt werden, so dass größerer Sachschaden vermieden wurde."

Jana seufzte erleichtert. Mama sah sie etwas erstaunt an.

„Das hätte Opa ganz schön aufgeregt", sagte Jana schnell.

„Aber deshalb brauchst du dich doch nicht aufzuregen", erwiderte Mama. „Es ist doch nichts weiter passiert."

Heute wartete Jana nicht, bis sie Kalle im Gewächshaus traf. Sofort nach der Schule lief sie zum Wohnwagen. Sie klopfte ungeduldig an die Tür. Ein strahlender Kalle öffnete ihr.
„Was war denn gestern Abend los?", fragte Jana atemlos, ohne guten Tag zu sagen.
„In der Zeitung steht, dass es in der Fabrik gebrannt hat."
„Das ist aber eine schöne Überraschung! Komm erst mal rein in die warme Stube."
Er hatte den Tisch mit Kerzen und kleinen Zweigen hübsch gedeckt.
„Ich hab's mir heute richtig schön gemacht und mir zur Feier des Tages 'ne große Pizza geholt. Die reicht locker für uns beide. In Gesellschaft feiert es sich auch viel schöner."
Jana platzte fast vor Neugier. Eilig streifte sie ihre Winterjacke ab und quetschte sich auf die Eckbank. „Jetzt erzähl aber!"
Kalle teilte in aller Gemütsruhe die Pizza und schaufelte Jana ein großes Stück auf

den Teller. Dann setzte er sich hin und begann zu berichten.

„Gestern Abend habe ich es mir noch ein bisschen gemütlich gemacht. Ich sitze also hier und mache ein Nickerchen, da wird der Knurps auf einmal unruhig. Erst schimpfe ich mit ihm, weil er mich nicht schlafen lässt. Aber er gibt einfach keine Ruhe. Schließlich fängt er an zu jaulen und kratzt an der Tür. Ich denke, der Knurps muss mal, und lass ihn raus. Aber das ist es nicht. Der Knurps hört nicht auf zu jaulen und läuft aufgeregt hin und her. Na, ich kenne doch meinen Hund. Der ist ja kein nervöses Schoßhündchen. Irgendwas will er mir zeigen, denke ich. Ich ziehe mich also an und gehe mit ihm nach draußen.

Der Knurps rennt los. Er wittert was, das sehe ich richtig, so wie der die Nase in die Luft hält. Vor der großen Werkshalle bleibt er stehen. Da rieche ich auch was, brenzlig, so als ob man Gummi verbrennt.

Ich steig auf einen Palettenstapel und schaue zum Fenster rein. Da seh ich in der Ecke gegenüber ein Feuer. Noch ganz klein, aber direkt daneben stehen Lagerkisten aus Holz. Also denk ich, was machst du jetzt, Kalle? Die nächste Telefonzelle ist fast zehn Minuten entfernt und 'ne Telefonkarte haste auch nicht. Bis die Feuerwehr endlich kommt, ist der ganze Schuppen abgebrannt.

Ich greif mir also einen Ziegelstein, der da rumliegt, und werf die Scheibe ein, öffne das Fenster und klettere in die Halle. Der Knurps führt sich draußen auf wie ein Verrückter, weil er nicht mit rein kann.

Als ich drin bin, seh ich, dass ein Kabelschacht brennt. Deshalb stinkts auch so bestialisch. Licht kann ich nicht machen, weil die Sicherungen rausgeflogen sind, da muss ich also im Dunklen nach einem Feuerlöscher suchen. Die Halle ist verdammt groß. Endlich find ich so ein Ding. Ich schleppe es rüber zum Brandherd, da ist schon eine Kiste am Kokeln. Die kick ich mit dem Fuß weg und versuche, den Feuerlöscher in Gang zu kriegen. Das ist gar nicht so leicht, weil meine Augen brennen von dem Qualm und ich ganz nah an die Flammen muss, damit ich überhaupt lesen kann, wie man das macht.

Inzwischen hat die Kiste richtig Feuer gefangen. Der Knurps draußen bellt und jault, was das Zeug hält. Endlich schaff ich es und der Feuerlöscher sprüht los.

Der Schaum reicht zwar aus, um die Flammen einzudämmen, aber der Kabelschacht und die Kiste schwelen noch. Die Feuerwehr muss auf jeden Fall kommen. Ich breche mit einer Stange die Tür zum Büro auf. Gott sei

Dank funktioniert das Telefon. Ich melde also den Brand und seh zu, dass ich wieder raus komm zum Knurps. Der dreht fast durch vor Freude.

   Zehn Minuten später ist die Feuerwehr da. Die fackeln nicht lang und machen 'ne richtige Schaumschlacht in der Halle. Als sie fertig sind, kommt der Einsatzleiter mit einem Reporter von der Morgenpost zu mir und sagt, dass es richtig war, keine Zeit zu verlieren, sondern erst mal selbst einzugreifen. Sonst wär weiß der Teufel was passiert.

   Dann fährt ein dickes Auto auf dem Hof und ein elegant gekleideter Herr steigt aus. Erst läuft er aufgeregt hin und her und spricht mit einem der Feuerwehrmänner. Der deutet auf uns und der Herr kommt zu uns rüber.

   Ich heiße Biller, sagt er, das ist meine Fabrik. Der Einsatzleiter erstattet ihm Bericht und sagt, dass ich das Schlimmste verhindert hätte. Dem Mann stehen die Schweißperlen auf der Stirn. Er schüttelt mir die Hand und bedankt sich wieder und wieder bei mir. Schließlich sagt er, ich soll morgen Nachmittag in sein Büro kommen, er möchte sich erkenntlich zeigen."

Kalle kraulte Knurps am Hals. „Ja, so war das. Bist ein prima Hund."

Jana hatte die ganze Zeit gefesselt zugehört und die Pizza nicht mal angerührt.
„So, jetzt ist unsere Pizza kalt geworden vor lauter Erzählen", bemerkte Kalle. „Aber so etwas erlebt man ja auch nicht alle Tage, was?"
Er sah Jana stolz an.
Die warf ihm einen bewundernden Blick zu. „Du bist wirklich supercool!", sagte sie. „Hast du dich gar kein bisschen gefürchtet?"
„Klar hab ich mich gefürchtet", gab Kalle zu. „Vor allem, als die Kiste anfing zu brennen und der Feuerlöscher nicht gleich ging. Aber es ist ja alles gut gegangen! Und jetzt wird gegessen!"
Mit großem Appetit verspeiste Kalle seine Pizzahälfte. Jana war die aufregende Geschichte auf den Magen geschlagen. Sie brachte kaum etwas runter.
„Ich habe mir heute früh solche Sorgen um dich und den Knurps gemacht", erklärte sie.
Kalle sah sie gerührt an.
„Wirklich? Das ist lange her, dass sich

jemand um den alten Kalle gesorgt hat."

Er stand auf und strich sich die Haare zurecht. „Aber jetzt heißt es, sich fertig machen! Ich habe noch einen Termin bei der Direktion und möchte, dass du mitkommst."

Jana erschrak. Jetzt gibt es Ärger, schoss es ihr durch den Kopf.

Kalle kramte eine Kleiderbürste aus der Schublade. „Wirklich alles da", freute er sich. „Der Knurps braucht auch 'ne kleine Haarpflege. Eigentlich hat ja er die Lorbeeren verdient."

Knurps war das Striegeln überhaupt nicht gewöhnt. Dauernd schnappte er nach der Bürste, während Kalle verzweifelt versuchte, ihn festzuhalten. Das sah sehr komisch aus und Jana musste trotz ihres Muffensausens lachen.

„Halt ihn doch mal fest!", forderte Kalle sie auf.

Zu zweit gelang es ihnen, in Knurps' zerzaustes Fell ein bisschen Glanz zu kämmen.

„So, jetzt bist du fein genug", entschied Kalle. „Jetzt können wir gehen."

„Soll ich denn wirklich mit?", fragte Jana zaudernd.

„Natürlich gehst du mit!", bestimmte Kalle. „Wir müssen dem Direktor sagen, dass ich auf dem Grundstück hause."

„Aber das geht doch nicht!", rief Jana erschrocken, „dann kommt alles raus. Dann erfährt Mama alles, und was ist, wenn sie nicht einverstanden ist?"

„Ich habe mir schon gedacht, dass du deiner Mutter nichts erzählt hast. Aber ich habe nicht mehr fragen wollen, weil ich mich hier so wohl fühle, auch wenn es eigentlich nicht richtig ist, dass ich hier bin, ohne dass sie davon weiß."

Kalle setzte sich wieder und sah Jana sehr ernst an.

„Jana, ich hab mir das genau überlegt. Ich kann und will hier nicht heimlich bleiben. In den letzten Wochen ist es mit mir richtig bergauf gegangen. Das hab ich dir zu verdanken. Seit der Knurps dich in der Kaufhauspassage angeschlabbert hat, hat der alte Kalle 'ne Glückssträhne! Ich fühl mich wieder stark genug, mein Leben anzupacken.

Deshalb will ich mich nicht mehr verstecken. Der Direktor hat gesagt: „Ich möchte mich Ihnen erkenntlich zeigen." Vielleicht kann er wirklich etwas für mich tun."

Kalle hatte mit fester, entschlossener Stimme gesprochen und Jana spürte, dass es keinen Sinn hatte, ihn umstimmen zu wollen.

Freudensprung und ein Kloß im Hals

Stumm zog Jana ihre Jacke an und folgte Kalle und Knurps nach draußen.

Sie stapften über den Fabrikhof und betraten das Verwaltungsgebäude durch eine riesige Glastür.

Die Eingangshalle ist ja groß, staunte Jana, und überall Marmorböden! Es sieht fast ein bisschen aus wie in der Sparkasse.

Hinter einer langen Empfangstheke aus dunklem Holz saß eine junge Dame. Sie warf dem seltsamen Gespann einen prüfenden Blick zu.

„Zu wem wollen Sie?", erkundigte sie sich. „Und Hunde dürfen hier nicht rein."

„Ich heiße Friedrichsen und Herr Biller erwartet uns", erklärte Kalle unbeeindruckt. „Und den Knurps auch." Er deutete auf den Hund.

Die junge Dame griff nach dem Telefon. Jana und Kalle konnten nicht verstehen, was sie sprach, aber sie sahen sie plötzlich heftig nicken.

„Tut mir leid", entschuldigte sie sich bei den Besuchern. „Ich bringe Sie selbst hinauf."

Sie kam hinter dem Tresen vor und führte die drei ins oberste Stockwerk. "Vorzimmer Direktion" stand an der Tür, an die sie klopfte. Eine andere junge Dame öffnete.

„Da sind Sie ja!", begrüßte sie die beiden freundlich und sah dabei etwas erstaunt auf Jana. „Herr Biller erwartet Sie schon."

Sie öffnete einen Spalt weit die hohe Tür, die ins Chefzimmer führte, und steckte den Kopf hinein.

„Ihr Besuch ist da!", verkündete sie.

„Nur herein!", hörten sie eine tiefe, warme Stimme.

Herr Biller saß an seinem Schreibtisch. Als die beiden eintraten, faltete er die Morgenpost zusammen, in der er wohl gerade gelesen hatte, und legte sie beiseite. Dann ging er auf Kalle zu und schüttelte ihm kräftig die Hand.

„Schön, dass Sie gekommen sind. Sie haben uns einen Riesenschlamassel erspart", sagte er und deutete auf die Zeitung. „Und du natürlich auch."

Er beugte sich hinunter und tätschelte Knurps den Rücken.

„Wen haben Sie denn da noch mitgebracht?", fragte er und nickte Jana zu.

„Das ist Jana, sie ist die Enkelin Ihres ehemaligen Lagerverwalters", klärte Kalle ihn auf.

„So?", wunderte sich Herr Biller. „Der alte Herr Nolde war dein Opa?"

Sie nahmen Platz auf einer Sitzgruppe, deren Ledersessel so groß waren, dass Jana sich darin ganz winzig vorkam.

„Jetzt erzählen Sie mal", forderte Herr Biller Kalle auf.

Der holte tief Luft und fing an: „Bevor ich das von gestern Abend erzähle, muss ich Ihnen ein Geständnis machen – eigentlich müssen wir Ihnen ein Geständnis machen."

Kalle deutete auf Jana.

Jana machte sich in ihrem Sessel noch kleiner. Herr Biller sah erstaunt von einem zum andern.

Und dann erzählte Kalle von seiner Begegnung mit Jana, davon, wie schlecht es ihm damals gegangen war, von Janas Idee mit dem Wohnwagen, dem Rechtschreibunterricht im Kloster und dass er seitdem wieder begonnen hatte, Mut zu fassen.

Herr Biller hörte aufmerksam zu und nickte ab und zu. Als Kalle fertig war, sagte er: „Dann haben wir also seit Wochen einen blinden Passagier auf dem Gelände! Das geht natürlich nicht."

Jana rutschte das Herz in die Hosentasche. Ich hab's doch gleich gesagt, dachte sie.

Doch Herr Biller war noch nicht fertig.

„Zuerst will ich aber wissen, was gestern los war, und dann sprechen wir darüber, was wir mit der Wohnwagengeschichte machen."

Jetzt erzählte Kalle ausführlich, was er am Abend zuvor erlebt hatte.

Herr Biller war beeindruckt.

„Wissen Sie, Herr Friedrichsen, das ist selten, dass man jemanden trifft, der so rasch und überlegt handelt. Und der Knurps, der hat eigentlich einen Orden verdient! Ich bin Ihnen sehr zu Dank verpflichtet. Eigentlich wollte ich Ihnen eine Belohnung in barer Münze zukommen lassen, aber jetzt, wo ich Ihre Geschichte kenne, denke ich, dass ich Ihnen anders danken kann."

Kalle schaute Jana aufmunternd an. Jana spitzte die Ohren. Was kommt jetzt, dachte sie.

„Heute Morgen habe ich zu meiner Frau gesagt: So etwas kann jederzeit wieder passieren, und dann ist vielleicht keiner in der Nähe. Wir sollten einen Nachtwächter einstellen." Herr Biller räusperte sich. „Am besten wäre natürlich ein Nachtwächter mit einem wachsamen Hund."

„Der Kalle und der Knurps!", platzte Jana heraus und hielt sich sofort erschrocken den Mund zu.

Herr Biller lachte.

„Du bist ein schlaues Mädchen, Jana! Bessere Wächter für den Betrieb kann ich nicht finden. Das haben die beiden schon bewiesen. Was meinen Sie, Herr Friedrichsen?"

Einen Moment lang sagte Kalle nichts. Aber man sah ihm an, dass er sein Glück kaum fassen konnte.

„Es wird uns ein Vergnügen sein, hier Wache zu schieben. Was Knurps?", stieß er hervor, nachdem er sich wieder gefasst hatte.

Knurps wedelte erfreut mit dem Schwanz.

„Abgemacht!", sagte Herr Biller und reichte Kalle die Hand. „Sie sind eingestellt! Über das Gehalt sprechen Sie bitte mit meinem Personalchef."

Kalle strahlte übers ganze Gesicht.

„Und was ist mit dem Wohnwagen?", wollte er dann wissen.

„Den brauchen wir doch ganz dringend", antwortete Herr Biller.

Jana und Kalle schauten sich fragend an.

„Na, irgendwo muss sich mein Nachtwächter mit seinem Wachhund doch aufwärmen können", erklärte der Direktor verschmitzt, „und so lange, bis Sie etwas Besseres gefunden haben, können Sie natürlich auch dort wohnen bleiben, Herr Friedrichsen."

Er machte eine kleine Pause.

„Jana, glaubst du, deine Mutter verkauft den Wohnwagen?"

Jana sackte wieder in den Sessel zurück. Das ist es ja gerade! Mama weiß doch von gar nichts, dachte sie mutlos.

Herr Biller sah Janas verzweifelten Blick.

„Sie weiß von nichts? Hab ich Recht?"

Jana nickte.

„Sieht aus, als könnte das kleine Fräulein einen Fürsprecher gebrauchen. Ich kenne deine Mutter. Ich werde mit ihr reden."

Herr Biller stand auf.

„Leider muss ich mich jetzt entschuldigen. Ich habe gleich eine Besprechung." Er reichte Kalle die Hand: „Auf gute Zusammenarbeit."

Und zu Jana: „Lass mich nur machen." Er lachte ihr aufmunternd zu und klopfte ihr auf die Schulter.

Als die drei das Verwaltungsgebäude verlassen hatten, machte Kalle einen Freudensprung. Dann packte er Jana und wirbelte sie mit einem Jubelschrei durch die Luft. Knurps sprang kläffend um die beiden herum. Völlig außer Atem ließ Kalle Jana wieder runter.

„Es geht bergauf!", jauchzte er. „Ich habe wieder Arbeit!"

Jana freute sich auch. Sie freute sich sogar sehr. Trotzdem hatte sie einen dicken Kloß im Hals.

Was würde Mama sagen?

Kalle sah ihr das an. „Hab mal keine Angst. Das geht schon gut mit deiner Mutter. Der Herr Biller wird das schon machen. Weißt du, das ist manchmal komisch im Leben. Es gibt Zeiten, da geht alles schief und man traut sich nichts mehr zu. Aber es gibt auch Zeiten, wo man an sich glaubt, und dann geht einfach alles gut, einfach alles."

Als Jana Kalles glänzende Augen sah, fasste sie Vertrauen in das, was er gesagt hatte. Kalle wusste, wovon er sprach.

Die Stunde der Wahrheit

Es war schon spät am Nachmittag. Kalle begleitete Jana bis vor die Haustür.

„Morgen machen wir aber weiter mit Rechtschreiben", munterte er sie auf. „Wirst sehn, bald geht's bei dir auch bergauf!"

Mit sehr gemischten Gefühlen betrat Jana die Wohnung. Wenn sie sich nur richtig freuen könnte! Für Kalle war doch heute ein Traum in Erfüllung gegangen.

Sie setzte sich an den Küchentisch, zog ihr Rechenheft aus dem Ranzen und versuchte sich zu konzentrieren.

Kurze Zeit später kam ihre Mutter heim. „Na, immer noch Hausaufgaben?", fragte sie erstaunt.

Jana nickte. „Hatte heute Nachmittag keine Zeit."

Mama sah sie fragend an.

Jetzt erzähl ich ihr alles, entschloss sich Jana. Es muss ja sowieso sein.

Da klingelte das Telefon.

Mama ging ins Wohnzimmer. Ob das Herr Biller war? Jana lauschte angestrengt, aber sie verstand nichts. Sie schlich sich in den Flur und horchte. Mama war immer noch am Telefon, doch sie redete nicht viel. Ab und zu sagte sie „hmm" oder „na ja" und einmal auch: „Ich weiß nicht recht."

Jana war schrecklich nervös. Sie hielt es nicht mehr aus und ging zurück in die Küche. Mama telefonierte ewig, jedenfalls kam es Jana so vor. Schließlich kam sie wieder herein und setzte sich mit einem sehr strengen Gesicht an den Tisch.

„Wir beide haben ein Hühnchen zu rupfen!"

Jana starrte auf ihr Heft.

„Das ist nicht gerade schön, wenn man von fremden Leuten erfährt, was die eigene Tochter so treibt. Wieso hast du mir nichts erzählt?"

Mama klang sehr vorwurfsvoll und verletzt.

Eine dicke Träne tropfte auf das Heft und vermischte sich mit Tinte zu einem dicken Patzer. Jana legte den Kopf auf die Arme und weinte.

„Du hast dir hinter meinem Rücken den Wohnwagenschlüssel genommen, einfach so, aus meinem Schreibtisch! Was hast du dir dabei gedacht?"

Mama war jetzt richtig wütend.

Jana schluchzte laut.

Eine Weile blieb Mama stumm. Dann fuhr sie fort: „Wenn man etwas angestellt hat, muss man dafür gerade stehen! Ich will jetzt die ganze Geschichte von dir wissen."

Jana hob langsam den Kopf, rieb sich die Augen und fischte ein Papiertaschentuch aus der Hosentasche.

„Ich hab mich einfach nicht getraut", sagte sie leise und schnäuzte sich.

„Bin ich denn so eine schreckliche Mutter?", fragte Mama gekränkt.

Jana schüttelte den Kopf. „Aber du hättest dir Sorgen gemacht und mir verboten, den Kalle zu treffen."

„Da hast du wahrscheinlich Recht", gab Mama zu. „Man liest immer so furchtbare Sachen in der Zeitung."

Und dann erzählte Jana alles: Wie sie Kalle kennen gelernt hatte, wie Knurps den Schlitten für sie gezogen hatte und was Kalle ihr über sein Leben erzählt hatte.

Als sie von Schwester Lucia berichtete, seufzte die Mutter erleichtert auf. „Bist doch kein dummes Mädchen", lenkte sie ein.

„Ich wollte dem Kalle so gern helfen", erzählte Jana weiter, „und der Wohnwagen vom Opa stand doch leer. Das hat doch keinem geschadet. Der Kalle ist total in Ordnung. Er gibt mir jeden Tag im Gewächshaus von Schwester Lucia Nachhilfe in Rechtschreiben. Außerdem kann er super Adventskränze binden. Den da", stolz deutete sie auf den Kranz am Tisch, „hat er auch gemacht!"

Mama sagte nichts und betrachtete den Adventsschmuck. Jana wurde etwas sicherer.

„Herr Biller ist auch ganz begeistert vom Kalle. Ohne den Knurps und ihn wäre vielleicht die ganze Fabrik abgebrannt."

„Herr Biller hat mir davon erzählt", bestätigte Mama. „Er will deinen Kalle sogar als Nachtwächter einstellen."

„Ist das nicht toll?", rief Jana freudig. Sie sah, dass der Ärger auf Mamas Gesicht langsam verschwand.

„Bitte lass ihm doch den Wohnwagen", bettelte sie und rückte näher an die Mutter heran.

„Das alles ist nicht leicht für mich", zögerte Mama. „Es ist ein großer Vertrauensbruch. Andererseits hast du damit einem Menschen sehr geholfen. Und das macht mich stolz auf dich."

Jana schlang ihrer Mutter die Arme um den Hals.

„Du bist mir nicht mehr böse!", rief sie.
„Du bist einfach die beste Mama der Welt!"
Die Mutter befreite sich aus der Umarmung.
„Ein bisschen böse bin ich schon noch",
sagte sie. Aber weil sie dabei lächelte,
konnte Jana sehen, dass sie es nicht ganz
ernst meinte.
„Herr Biller möchte uns den Wohnwagen
abkaufen", fuhr Mama dann fort. „Er kann
ihn gerne haben. Ich hätte ihn im Frühjahr
sowieso in der Zeitung angeboten."

Kalle hat Recht, dachte Jana und schmiegte
sich eng an sie.
Es gibt Zeiten, da geht einfach alles gut!

Sekt oder Selters?

„Ich sollte Kalle wohl mal kennen lernen", überlegte Mama am nächsten Morgen beim Frühstück.

Jana strahlte. „Wir könnten ihn doch heute zum Abendessen einladen", schlug sie vor.

Ihre Mutter zögerte.

„Das ist vielleicht ganz dumm von mir", sagte sie dann etwas beschämt, „aber irgendwie hab ich Bedenken, so einen, der auf der Straße lebt, in meine Wohnung einzuladen."

Jana verstand genau, was ihre Mutter meinte. Sie erinnerte sich sehr gut an ihr Gespräch vom Martinstag.

„Der Kalle ist kein Penner mehr", erklärte sie. „Der geht regelmäßig ins Hallenbad zum Duschen und der Knurps hat überhaupt keine Flöhe und ist ganz brav."

Mama rührte betreten in ihrer Kaffeetasse. Dann gab sie sich einen Ruck.

„Gut", entschied sie, „lad den Kalle für heute Abend ein, und Schwester Lucia gleich mit."

Die Schulstunden kamen Jana heute endlos vor. Sie konnte es kaum erwarten, Kalle zu treffen.

In der sechsten Stunde gab Frau Gebauer das Diktat zurück.

„Toll, Jana! Viel besser als sonst.", lobte sie. „Du hast eine Drei geschafft! Man merkt, dass du fleißig geübt hast."

Jana stieß einen Jubelschrei aus und warf die Hände in die Luft. Dann drehte sie sich zu Nico um und streckte ihm die Zunge raus.

„Aber Jana!", mahnte die Lehrerin mit erhobenem Zeigefinger, doch sie lächelte dabei. Man konnte sehen, dass sie sich mit Jana freute.

„Es gibt Zeiten, da glaubt man an sich und dann geht alles gut", sagte Jana gut gelaunt.

„Du bist ja eine richtige kleine Philosophin", lachte Frau Gebauer. „Aber es stimmt wirklich."

In der Pause stand Jana bei Lea und Franzi. „Habt ihr schon gehört?", fragte Lea. „Bei Biller hat es gestern gebrannt. In der Morgenpost steht, ein Hund soll das Feuer bemerkt haben."

„Und der Besitzer des Hundes hat ein Fenster eingeschlagen und mit einem Feuerlöscher das Schlimmste verhindert. Ganz schön mutig", ergänzte Franzi.

„Das waren mein Freund Kalle und sein Hund Knurps. Du hast die beiden ja am Rodelberg kennen gelernt", bemerkte Jana schnippisch, und diesmal betonte sie das Wort Freund ganz bewusst. „Aber sie haben dir ja nicht gepasst."

Sie biss ein großes Stück von ihrem Brot ab und ließ die verdutzte Franzi stehen.

Als Franzi nach der Pause wieder neben Jana saß, fragte sie: „Stimmt das? Das war dein Penner?"

„Kalle ist kein Penner!", wehrte Jana ab. „Der ist ein ganz prima Kerl, und wenn es ihn nicht gäbe, hätte ich heute keine Drei gekriegt."

„Was hat der mit deiner Drei zu tun?", wollte Franzi erstaunt wissen.

„Jana, Franzi!", mahnte Frau Gebauer. „Hört auf zu schwätzen!"

„Psst!", flüsterte Jana und legte den Zeigefinger an die Lippen. Sie genoss es, dass Franzi plötzlich so neugierig auf Kalle war.

Die sollte nur schmoren bis nach dem Unterricht!

Als es klingelte, packten die beiden Mädchen ihre Schulsachen zusammen.

„Ist es dir recht, wenn ich heute noch ein Stück mit dir gehe?", fragte Franzi.

„Wie du willst", antwortete Jana betont lässig.

Auf dem Weg überschüttete Franzi sie mit Fragen, aber Jana ließ sich alles nur nach und nach aus der Nase ziehen.

Erst als sie bemerkte, wie betroffen Franzi zuhörte, als sie von Kalles schwerem Schicksal berichtete, wurde sie gesprächiger.

„Du hast dich in Kalle getäuscht", erklärte Jana. „Das war fies von dir, damals am Rodelberg!"

Franzi sah zu Boden.

„Ich hatte Angst", druckste sie herum. „Ich habe immer Angst vor Fremden."

„Ich auch", gab Jana zu, „deshalb bin ich ja auch zum Kloster gegangen."

Und dann erzählte sie die ganze Geschichte, von der Wohnwagenidee, vom Gewächshaus und Schwester Lucia und von den Adventskränzen.

„Und jetzt hat Kalle sogar einen Job als Nachtwächter. Ist das nicht super?", schloss sie ihre Schilderung.

„Du hast dem Kalle ganz schön viel geholfen", meinte Franzi bewundernd.

„Er mir aber auch", gab Jana zurück. „Da drin ist eine Drei." Sie klopfte auf ihre Schultasche.

„Es soll morgen noch mal schneien", sagte Franzi. „Wir könnten doch wieder zusammen rodeln gehen." Sie sah Jana unsicher an.

„Gern!", willigte Jana überrascht ein.

An der Kreuzung trennten sich ihre Heimwege.

„Bis morgen", verabschiedete sich Jana.

Franzi blieb stehen.

„Meinst du...?", setzte sie an.

„Was?" Jetzt blieb auch Jana stehen.

„Meinst du, der Knurps kann meinen Bob auch mal hoch ziehen?", fragte Franzi zögernd.

„Sicher! Aber dann ist Kalle auch mit dabei", gab Jana ihr zu verstehen.

„Ich weiß", meinte Franzi, „das ist doch klar."

Als Jana am Nachmittag Kalle im Gewächshaus traf, platzte sie gleich heraus:

„Mama ist einverstanden! Du kannst im Wohnwagen bleiben! Sie hat dich sogar zum Abendessen eingeladen! Die Franzi will mit uns zum Rodeln gehen. Und ich hab eine Drei geschrieben!"

Dabei fuchtelte sie die ganze Zeit mit dem Diktatheft herum.

„Die Glückssträhne reißt ja nicht ab!" Kalle lachte. „Und ich war heute beim Personalchef. Mit meinem Verdienst als Nachtwächter habe ich genug zum Leben. Ich brauche ja nicht viel. Ab und zu kann ich im Lager mithelfen und noch was dazu verdienen. Vielleicht ist schon in ein paar Monaten eine kleine Wohnung drin."

„Dann haben wir heute eine Menge zu feiern", freute sich Jana. „Das machen wir heute Abend mit Mama."

Im Innenhof begegneten sie Schwester Lucia und die guten Nachrichten sprudelten aus den beiden nur so heraus.

„Das sind ja wunderbare Neuigkeiten", strahlte sie. „Ich freue mich, dass du so eine tolle Chance hast, Kalle, und ich bin sicher, dass du jetzt auf die Füße kommst."

Als sie hörte, dass Janas Mutter erst jetzt von Kalle erfahren hatte, hob sie leicht drohend den Zeigefinger. „Mein liebes Kind", tadelte sie gespielt streng, „ich dachte eigentlich, dass du sie schon längst gefragt hättest."

Jana sah betreten auf den Boden.

„Ich würde sehr gern heute Abend zu euch kommen und mit euch feiern, aber ich kann leider nicht. Heute ist Chorprobe. Bestimmt klappt es ein anderes Mal."

Dann hatten alle im Gewächshaus zu tun: Jana verbesserte mit Kalle die Rechtschreibfehler im Diktat und übte die Wörter, die sie falsch geschrieben hatte, und Schwester Lucia besprühte ihre Orchideen mit Wasser.

Als Jana heim musste, erinnerte sie Kalle: „Also, bis sieben Uhr heute Abend."

„Haben wir noch die Flasche Sekt, die von deinem Geburtstag übrig ist?", wollte Jana von Mama wissen. „Der Kalle und ich haben was zu feiern!"

„So? Was soll denn gefeiert werden, Fräulein Luxusweibchen?", neckte die Mutter.

„Überraschung!", tat Jana geheimnisvoll.

Die beiden deckten den Tisch schön mit Kerzen und Servietten. Die Kalbsschnitzel, die Mama gekauft hatte, brutzelten in der heißen Pfanne und in der ganzen Wohnung roch es lecker danach.

„So was Gutes hat Kalle sicher lange nicht mehr gekriegt", freute sich Jana, während sie den Salat anmachte.

Punkt Sieben klingelte es.

„Das sind sie!" Jana war schrecklich aufgeregt. Sie drückte auf den Türöffner.

Mama band die Schürze ab.

Und dann standen sie in der Tür. Kalle war frisch rasiert und duftete nach Rasierwasser. Knurps' Fell glänzte. Kalle hatte ihm ein neues Halstuch gekauft. Richtig schick sahen die beiden aus.

Jana war stolz. Kalle war wirklich kein Penner mehr. Das dachte Mama wohl auch, als sie die zwei begrüßte.

Kalle hatte eine herrliche Orchidee dabei, die er der Mutter mit einer kleinen Verbeugung überreichte. „Mit einem schönen Gruß von Schwester Lucia."

„Das ist eine Rossioglossum", erklärte Jana.

Mama sah sie für einen Moment völlig perplex an, dann wandte sie sich an Kalle.

„Das ist ja schön, dass ich die heimlichen Freunde meiner Tochter auch mal kennen lerne." Dabei warf sie einen vorwurfsvollen Blick auf Jana.

Kalle lächelte etwas unsicher und schälte sich aus dem Mantel. Als Mama ihn auf den Kleiderbügel hängte, stutzte sie. Den kannte sie doch?

Aber sie schmunzelte und sagte nichts.

Für Knurps hatte Mama zwei Paar Wiener besorgt.

„Damit haben Sie einen treuen Freund gewonnen", lachte Kalle, als Knurps ihr begeistert ein Würstchen nach dem andern aus der Hand fraß.

Dann setzten sie sich zum Essen hin.

„Kalbsschnitzel!", jubelte Kalle. „Ich kann mich gar nicht erinnern, wann ich zuletzt Kalbsschnitzel gegessen habe. Und dabei mag ich die so!"

Jana freute sich.

Anfangs waren Kalle und Mama noch ein bisschen schüchtern, aber allmählich kamen sie miteinander ins Gespräch.

Jana sah die beiden an und dachte:

Das sind mir die zwei liebsten Menschen auf der Welt, jetzt, wo Opa nicht mehr da ist. Es ist ein richtiger Glückstag heute! Und vielleicht wird ja die Franzi sogar noch eine richtige Freundin. Und gleich morgen schreibe ich an Sandra einen langen Brief. Kalle hilft mir bestimmt dabei.

Nach dem Essen holte Jana ihr Rechtschreibheft heraus und legte es Mama hin.

„Schon viel besser! Note 3" stand in roter Schrift darunter.

„Das ist ja kaum zu glauben", freute sich Mama, „von Sechs auf Drei! Wie hast du das nur geschafft?"

„Mit Kalle!", verkündete Jana glücklich.

„Das ist toll! Vielen, vielen Dank, Herr Friedrichsen!" Mama drückte Kalle die Hand.

Der strahlte.

„Und jetzt machen wir eine Flasche Sekt auf! Wir haben allen Grund zu feiern."

Mama ging zum Kühlschrank hinüber.

„Für mich keinen Sekt! Nur noch Selters!", rief Kalle ihr nach. Mama drehte sich um und sah ihn erstaunt an.

„Nie wieder Alkohol!", beteuerte Kalle.

„Ich brauch ihn nicht mehr!

Die Zeiten sind vorbei!

Jetzt fangen die guten Zeiten an!

Was, Jana?"

4